KB055088

논어

사람 속에서 찾은 사람의 길

청소년 철학창고 20

논어 사람 속에서 찾은 사람의 길

초판 1쇄 발행 2008년 2월 15일 | 초판 8쇄 발행 2021년 5월 27일

풀어쓴이 진현종
펴낸이 홍석 | 기획 채희석 | 이사 홍성우
인문편집팀장 박월 | 편집 박주혜 | 표지 디자인 황종환 | 본문 디자인 서은경
마케팅 이가은·이송희·한유리 | 관리 최우리·김정선·정원경·홍보람
펴낸곳 도서출판 풀빛 | 등록 1979년 3월 6일 제8-24호
주소 07547 서울시 강서구 양천로 583 우림블루나인비즈니스센터 A동 21층 2110호
전화 02-363-5995(영업), 02-364-0844(편집) | 팩스 070-4275-0445
홈페이지 www.pulbit.co.kr | 전자우편 inmun@pulbit.co.kr

ISBN 978-89-7474-549-3 44150
ISBN 978-89-7474-526-4 (세트)

이 도서의 국립중앙도서관 출판예정도서목록(CIP)은 서지정보유통지원시스템 홈페이지(http://seoji.nl.go.kr)와 국가자료공동목록시스템(http://www.nl.go.kr/kolisnet)에서 이용하실 수 있습니다. (CIP제어번호: CIP2008000277)

책값은 뒤표지에 표시되어 있습니다.
파본이나 잘못된 책은 구입하신 곳에서 바꿔 드립니다.

논어

사람 속에서 찾은 사람의 길

진현종 풀어씀

'청소년 철학창고'를 펴내며

우리 청소년이 읽을 만한 좋은 책은 없을까? 많은 분들이 이런 고민을 하셨을 겁니다. 그러면서 흔히들 고전을 읽어야 한다고 합니다. 하지만 서점에 가서 책을 골라 보신 분들은 느꼈을 겁니다. '청소년의 지적 수준에 맞춰서 읽힐 만한 고전이 이렇게도 없는가.'라고.

고전 선택의 또 다른 어려움은 고전의 범위가 매우 넓다는 것입니다. 청소년 시기에는 시간과 능력의 한계 때문에 그 많은 고전들을 모두 읽을 수 없습니다. 그렇다면 어떤 책을 읽어야 할까요?

이런 여러 현실적인 어려움을 고려해 기획한 것이 풀빛 '청소년 철학창고' 입니다. '청소년 철학창고'는 고전의 핵심이라 할 수 있는 '철학'에 더 많은 무게를 실었습니다. 그 이유는 무엇일까요?

사람들은 일반적으로 철학을 현실과 동떨어진 공리공담이나 펼치는 학문이라고 생각합니다. 하지만 철학적 사고의 핵심은 사물과 현상을 다양하게 분석하고 종합해서 그 원칙이나 원리를 찾아내는 것입니다. 그래서 철학은 인간과 세상에 대해 깊이 있게 생각하고, 논리적으로 종합하는 능력을 키워 줍니다. 그런 만큼 세상과 인간에 대해 눈떠 가는 청소년 시기에 정말로 필요한 공부입니다.

하지만 모든 고전이 그렇듯이 철학 고전 또한 읽기가 쉽지 않습니다. 그래서 '청소년 철학창고'는 청소년의 눈높이에 맞추기 위해 선정에서부터 원문 구성에 이르기까지 많은 노력을 기울였습니다.

첫째, 책을 선정하는 과정에서부터 엄격함을 유지했습니다. 동양·서양·한국 철학 전공자들이 많은 회의 과정을 거쳐, 각 시대마다 동서양과 한국을 대표하는 철학 고전들을 엄선했습니다. 특히 우리 선조들의 사상과 동시대 동서양의 사상들을 주체적인 입장에서 비교하고 검토할 수 있도록 했습니다.

둘째, 고전 읽기의 참다운 맛을 살리기 위해 최대한 원문을 중심으로 구성했습니다. 물론 원문 읽기의 어려움을 해결하기 위해 새롭게 번역하고 재정리했습니다. 그리고 청소년이라면 누구나 어렵지 않게 읽으면서 고전이 주는 의미와 내용을 이해할 수 있도록 설명을 덧붙였고, 전체 해설을 통해 저자의 사상과 전체 내용을 다시 한번 정리해 주었습니다.

마지막으로 쉬운 것부터 읽기 시작해 점차 사고의 폭을 넓혀 가도록 난이도에 따라 세 단계로 구분했습니다. 물론 단계와 상관없이 읽고 싶은 순서대로 읽어도 됩니다.

우리 선정위원들은 고전 읽기의 진정한 의미가 '옛것을 되살려 오늘을 새롭게 한다(溫故知新).'는 데 있다고 생각합니다. '청소년 철학창고'를 통해 자라나는 청소년들이 인간과 사물에 대한 깊은 통찰력을 키워, 밝은 미래를 열어 나갈 수 있기를 진정으로 바랍니다.

2005년 2월

선정위원 허우성(경희대 교수, 동양 철학) 윤찬원(인천대 교수, 동양 철학)
정영근(서울산업대 교수, 한국 철학) 허남진(서울대 교수, 한국 철학)
이남인(서울대 교수, 서양 철학) 한자경(이화여대 교수, 서양 철학)

들어가는 말

《논어(論語)》는 우리가 속한 동아시아 문화를 대표하는 유가(儒家) 사상의 경전 중 으뜸이자 만고(萬古)의 양서로 꼽힌다. 오늘날에도 여전히 수많은 사람들의 입에 흔히 오르내리는 이 책을 읽지 않고서는 적어도 우리 사회에서 교양인을 자처할 수 없고, 그것은 학생, 말 그대로 배우는 이의 수치라고 하지 않을 수 없다. 그런데 정작 학생들이 《논어》를 직접 읽고 이해한다는 것은 그리 쉬운 일이 아니다. 왜냐하면 《논어》에는 우리가 흔히 아는 형식의 목차나 결론 부분이 따로 없기 때문이다.

물론 《논어》를 구성하는 20편에는 각각의 이름이 있으니, 이를 열거해 놓으면 그것을 바로 목차라고 이를 수도 있을 것이다. 하지만 당혹스럽게도 각각의 편 이름은 각 편의 첫 문장 서두에 있는 두 글자를 취해서 만든 것일 뿐, 그 안에 들어 있는 내용에 관해서는 아무런 정보나 실마리도 제공하지 않는다. 또한 《논어》는 보통 책에서 흔히 볼 수 있는 기승전결의 전개 방식도 취하고 있지 않다. 따라서 책의 '결'에 해당되는 제16~20편을 집중적으로 읽는다 해도 《논어》의 요점을 파악하기란 힘든 노릇이다. 더구나 처음부터 정독을 한다 해도 그 내용이 두서없이 전개되는 탓에 쉽사리 정리가 되지도 않는다. 그렇다고 후한(後漢) 시대의 동우(董遇)라는 학자가 제시한 "책을 백 번 읽으면 그 뜻이 저절로 떠오른다[독서백편의자현(讀書百遍意自見)]."는 방법을 따르라고 하는 것도, 배워야 할 지식이 산더미 같은 지금의 학생들에겐 무리일 터이다. 그러므로 2~3번 읽는 '독서이삼편(讀書二三遍)'으로 그 참된 의미를 꿰뚫어 인생을 훌륭하게 살아갈 자양분을 만드는 슬기로움이 요구된다.

이 책은 그러한 요구에 맞추어 하나의 요령을 제시해 보려는 의도에서 집필되었다. 이는 바로 《논어》에 자주 등장하거나 의미 있는 개념을 찾아 종류별로 분류하고, 그 쓰임새를 비교 분석해서 종합하는 방법을 말한다. 이것은 북송(北宋) 시대의 유학자 정이(程蓬, 1033~1107)가 이미 제시한 방식이기도 하다. 이런 과정을 통해 우리는 스스로 알고자 하는 바를 비로소 제대로 알 수 있고, 마침내 자기 것으로 만들어 일상적으로 실천하는 경지에 이르게 된다. 이것을 일러 '참공부'라 하는데 이렇게 정진하는 학문이 바로 철학이다. 그렇기에 독일의 유명한 철학자 칸트(Immanuel Kant, 1724~1804)는 "철학은 배울 수 없고, 다만 철학하는 것[philosophieren]을 배울 수 있을 따름이다."라고 했던 것이다. 그런 의미에서 이 책은 오늘의 청소년들이 《논어》의 세계를 보다 쉽고 빠르게 이해할 수 있도록 그 중심 개념을 축으로 전체 내용을 재구성했다. 하지만 항상 우려되는 것은 본래의 글과 해석한 글 사이의 간극인데, 이 점은 사람으로서 할 수 있는 최선을 다한 뒤 하늘의 뜻을 기다린다고 하는 '진인사대천명(盡人事待天命)'이라는 말로 위안 삼고자 한다.

2008년 1월

진현종

| 차 례 |

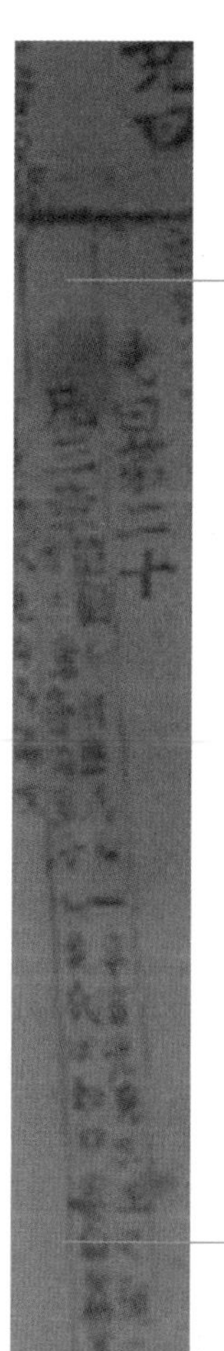

- '청소년 철학창고'를 펴내며 _ 5
- 들어가는 말 _ 7
- 고대 중국의 성인(聖人) 계보 _ 10
- 춘추 시대의 나라들 _ 11
- 공문(孔門)의 제자들 _ 15

제 1 부 – 《논어》의 중심 개념

1. 인(仁) _ 20
2. 예(禮) _ 62
3. 의(義)와 중용(中庸) _ 85
4. 지(知)와 명(命) _ 104
5. 도(道)와 덕(德) _ 130

제 2 부 – 《논어》의 인간관

1. 훌륭한 사람이 되고 못 되고는 자기 자신에게 달려 있다 _ 150
2. 이상적인 인격 _ 154
3. 이상적인 인격에 도달하려면 어떻게 해야 하는 것일까 _ 190

제 3 부 – 《논어》의 실천론

1. 위학(爲學) _ 196
2. 수신(修身) _ 215
3. 효친(孝親) _ 220
4. 교우(交友) _ 233
5. 처세(處世) _ 240
6. 위정(爲政) _ 260

- 공자, 보통 사람으로 태어나 마침내 성인을 이룬 삶 _ 276
- 공자 연보 _ 299
- 참고 문헌 _ 302

고대 중국의 성인(聖人) 계보

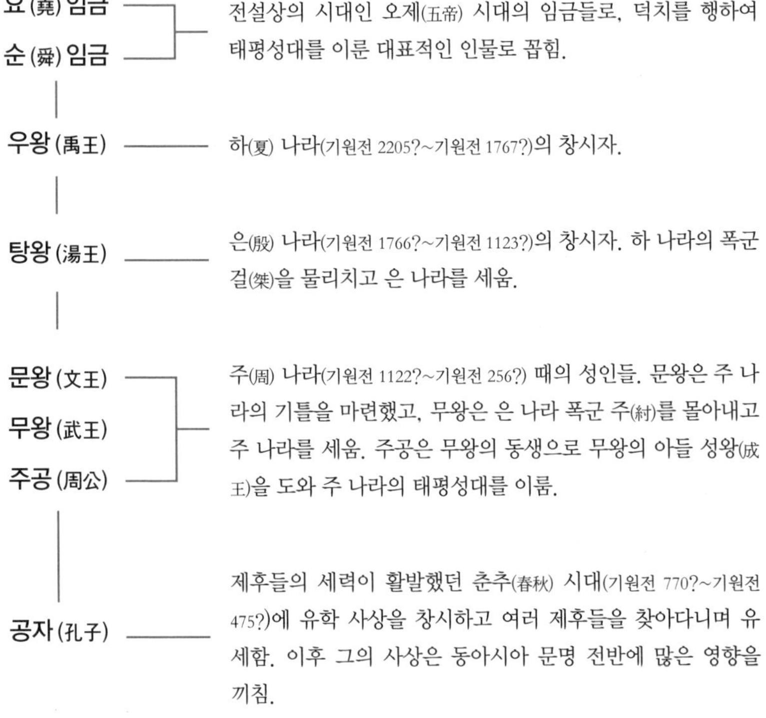

춘추 시대의 나라들

주(周) 나라 기원전 11세기 전반 무렵 무왕이 은 나라의 폭군 주를 타도하고 세운 봉건제 본국. 기원전 256년 진(秦) 나라에 의해 멸망함.

노(魯) 나라 기원전 11세기 주공이 주 나라로부터 분봉 받은 제후국. 기원전 249년 초(楚) 나라에 의해 멸망함.

송(宋) 나라 기원전 11세기 주 나라로부터 분봉 받은 제후국. 개국 군주는 은 나라 최후의 왕인 폭군 주의 이복 형 미자계(微子啓). 기원전 286년 제(齊) 나라에 의해 멸망함.

연(燕) 나라 기원전 11세기 주 나라로부터 분봉 받은 제후국. 개국 군주는 무왕의 동생인 소공 석(召公奭). 기원전 222년 진(秦) 나라에 의해 멸망함.

오(吳) 나라 주 나라 문왕의 큰아버지인 태백(太伯)이 막냇동생인 왕계(王季)에게 왕위를 양보하고, 다른 동생인 중옹(仲雍)을 데리

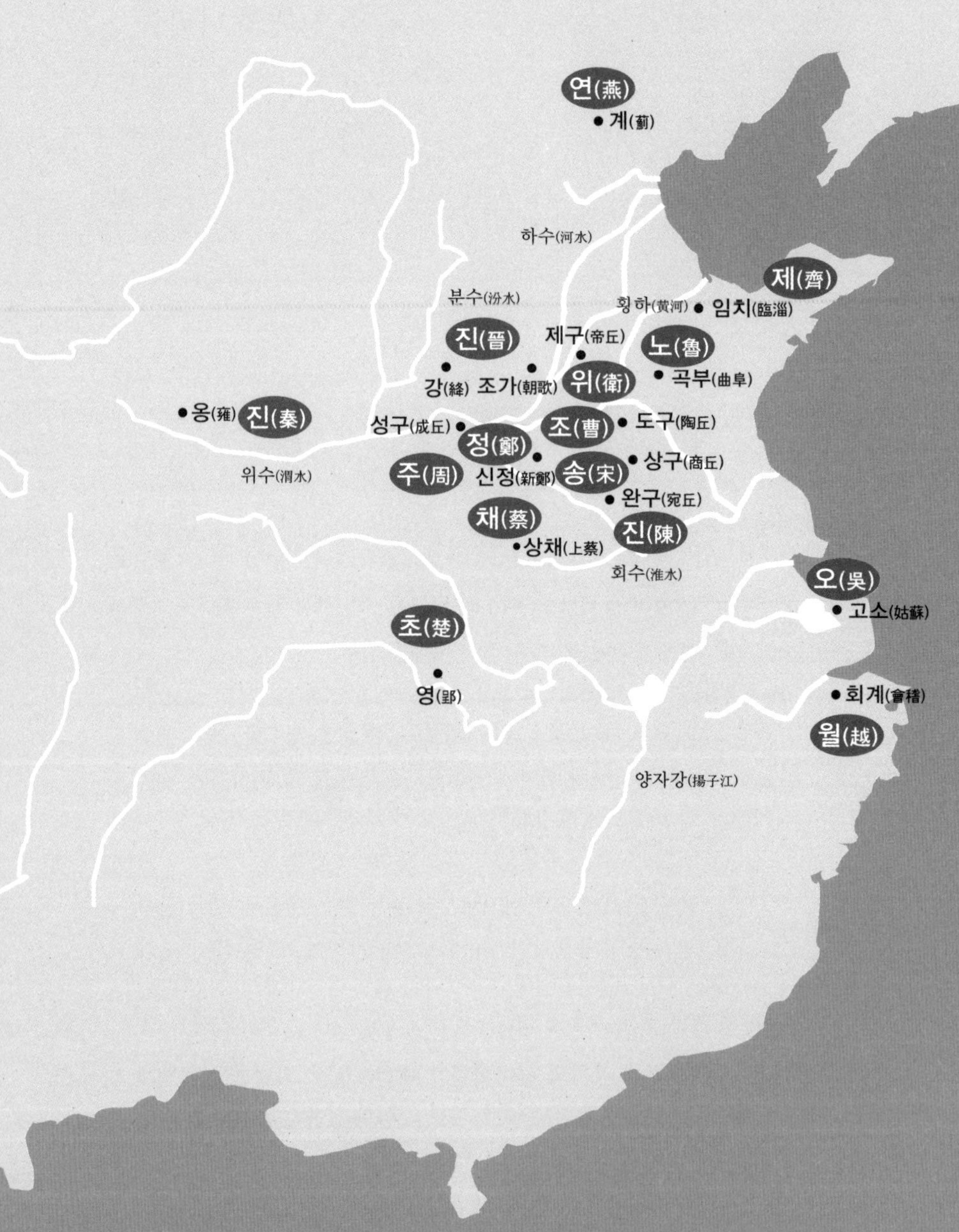

연(燕)
계(薊)
하수(河水)
제(齊)
분수(汾水)
황하(黃河)
임치(臨淄)
진(晉)
제구(帝丘)
노(魯)
강(絳)
조가(朝歌)
위(衛)
곡부(曲阜)
옹(雍)
진(秦)
성구(成丘)
조(曹)
도구(陶丘)
정(鄭)
상구(商丘)
주(周)
신정(新鄭)
송(宋)
위수(渭水)
완구(宛丘)
채(蔡)
진(陳)
상채(上蔡)
회수(淮水)
오(吳)
고소(姑蘇)
초(楚)
영(郢)
회계(會稽)
월(越)
양자강(揚子江)

고 남방의 형만(荊蠻)으로 가서, 몸에 문신을 하고 머리를 풀어헤치는 등 그 지방의 풍습을 따르며 세운 나라. 그러나 이민족이 세운 나라일 가능성이 높음. 기원전 473년 월(越) 나라에 의해 멸망함.

월(越) 나라

하 나라의 후예인 무여(無余)라는 자가 회계(會稽)에 분봉 받은 나라라고 하지만, 오 나라와 마찬가지로 남방의 이민족이 세운 나라일 가능성이 높음. 기원전 306년 초 나라에 의해 멸망함.

위(衛) 나라

기원전 11세기 주 나라로부터 분봉 받은 제후국. 개국 군주는 무왕의 동생인 강숙(康叔). 기원전 209년 진(秦) 나라에 의해 멸망함.

정(鄭) 나라

기원전 806년에 분봉 받은 제후국. 개국 군주는 주 나라 선왕(宣王)의 동생인 환공(桓公). 기원전 315년 한(韓) 나라에 의해 멸망함.

제(齊) 나라

주 나라 왕조 건설에 커다란 공을 세운 태공 망(太公望) 여상(呂尙)이 산동성(山東省)의 영구(營邱)에 분봉 받은 나라. 기원전 221년 진(秦) 나라에 의해 멸망함.

조(曹) 나라

기원전 11세기 주 나라로부터 분봉 받은 제후국. 개국 군주는 무왕의 동생인 숙진탁(叔振鐸). 기원전 487년 송 나라에 의해 멸망함.

진(陳) 나라

기원전 11세기 주 나라로부터 분봉 받은 제후국. 개국 군주는 순(舜)의 후예(後裔)로 알려진 호공(胡公). 기원전 479년 초 나라에 의해 멸망.

진(秦) 나라 주 나라의 평왕(平王)이 서주(西周) 시대를 마감하고 동천(東遷)할 때, 본래 영(嬴)이라는 성을 가진 소(小)귀족이 그 동천 행렬을 호송하여 공을 세운 덕분에, 서주의 옛 영토를 분봉 받아 제후국의 반열에 오름. 기원전 221년 진 나라 왕 영정(嬴政)이 중국을 통일하여 대제국을 건설하고 스스로를 시황제(始皇帝)라고 칭함.

진(晉) 나라 주 나라 성왕이 동생 숙우(叔虞)를 산서성(山西省)의 당(唐)에 봉한 데서 비롯됨. 기원전 403년 한, 위(魏), 조(趙)의 세 나라로 분열되고, 기원전 377년 이 세 나라에 의해 멸망함.

채(蔡) 나라 기원전 11세기 주 나라로부터 분봉 받은 제후국. 개국 군주는 무왕의 동생인 숙도(叔度). 기원전 447년 초 나라에 의해 멸망함.

초(楚) 나라 웅역(熊繹)이라는 자가 무왕에게서 형(荊) 땅을 분봉 받은 데서 비롯되었다고 하나 그 기원이 분명하지 않음. 일찍부터 천자(天子, 하늘의 아들이라는 뜻으로 하늘을 대신해서 천하를 통치하는 자)를 의미하는 왕(王)을 호칭으로 쓴 것으로 보아 남방의 이민족이 세운 나라일 가능성이 높음. 기원전 223년 진(秦) 나라에 의해 멸망함.

공문(孔門)의 제자들

옛날의 중국이나 우리나라에는 실명(實名)을 부르기를 꺼리는 풍속이 있었다. 오늘날에도 한국인들이, 절친한 사이가 아니면 그 이름을 직접 부르지 않고 성씨에 직함이나 존칭을 붙여 부르는 경우가 많은 것은, 바로 이러한 풍속의 영향이다. 옛날 사람들은 왕이나 부모 같은 윗사람 앞에서는 본명을 사용했고, 동년배나 자기보다 어린 사람 앞에서는 자(字)를 썼다.

자는 남자가 20세에 이르러 관례(冠禮)를 치르고 성인이 되었을 때 스스로 짓거나, 윗사람이 본인의 덕을 고려해 지어 주던 일종의 애칭이다. 다른 사람을 부를 때도 주로 자를 사용했는데, 다만 부모나 스승이 그 아들이나 제자를 부를 때는 본명을 사용했다. 이러한 이유로 《논어》에 등장하는 인물들은 때로는 자, 때로는 본명으로 불리게 됐다. 공자 문하의 제자들 가운데 어떤 이는 자로 널리 알려져 있고, 또 어떤 이는 본명으로 더 많이 알려져 있는데, 이를 일러 통칭이라고 한다. 이 책에서는 제자의 호칭을 통칭에 따라 통일했다. 그러나 원문과 번역문 또는 해설에 상이한 호칭이 나란히 등장하는 경우가 적지 않아, 여기 자리를 마련해 정리해 둔다.

공서화(公西華) 기원전 509?년~기원전 ?년. 성은 공서, 이름은 적(赤), 자는 자화(子華). 노 나라 출신.

번지(樊遲) 기원전 515년~기원전 ?년. 성은 번, 이름은 수(須), 자는 자지(子遲). 제 나라 출신.

사마우(司馬牛) 연대 미상. 성은 사마, 이름은 경(耕) 또는 리(犁), 자는 자우(子牛). 송 나라 출신. 송 나라에서 공자를 죽이려고 했던 사마환퇴의 동생. 성질이 급하고 말이 많았다고 함.

안연(顔淵) 기원전 521년~기원전 481년. 성은 안, 이름은 회(回), 자는 자연(子淵). 노 나라 출신. 덕행에 뛰어났고, 공자가 가장 큰 기대를 걸던 수제자였으나 젊은 나이에 요절함. 공문십철(孔門十哲, 공자의 제자 가운데 특히 학덕이 출중했던 열 명을 이름)의 한 사람.

염백우(冉伯牛) 기원전 544년~기원전 ?년. 성은 염, 이름은 경(耕), 자는 백우. 노 나라 출신. 덕행에 뛰어났음. 공문십철의 한 사람.

염유(冉有) 기원전 552년~기원전 489년. 성은 염, 이름은 구(求), 자는 자유(子有). 노 나라 출신. 정사에 뛰어났고, 일찍이 출세 가도를 달려 계손씨(季孫氏)의 가신이 됨. 공문십철의 한 사람.

유자(有子) 기원전 508년~기원전 ?년. 성은 유, 이름은 약(若), 자는 자유(子有). 노 나라 출신.

자공(子貢) 기원전 520년~기원전 456년. 성은 단목(端木), 이름은 사(賜), 자는 자공. 위 나라 출신. 뛰어난 언변으로 탁월한 외교적 성과를 보였고, 재물을 늘리는 데도 재능이 많았음. 공문십철의 한 사람.

자로(子路) 기원전 542년~기원전 480년. 성은 중(仲), 이름은 유(由), 자는 자로 또는 계로(季路). 노(魯) 나라 변(卞) 지방 사람으로 출신은 빈천했으나 성품이 용감하고 올곧았음. 정사(政事)에 뛰어났던 것으로 알려짐. 공문십철의 한 사람.

자유(子游) 기원전 506년~기원전 ?년. 성은 언(言), 이름은 언(偃), 자는 자유 또는 언유(言游). 오 나라 출신. 문학에 뛰어났음. 공문십철의 한 사람.

자장(子張) 기원전 503년~기원전 ?년. 성은 전손(顓孫), 이름은 사(師), 자는 자장. 진(陳) 나라 출신.

자하(子夏) 기원전 507년~기원전 ?년. 성은 복(卜), 이름은 상(商), 자는 자하. 진(晉) 나라 출신. 문학에 뛰어났음. 공문십철.

재아(宰我) 기원전 522년~기원전 458년. 성은 재, 이름은 여(予), 자는 자아(子我). 노 나라 출신. 뛰어난 언변에도 불구하고 공자에게 가장 많은 꾸중을 들은 것으로 유명함. 공문십철의 한 사람.

중궁(仲弓) 기원전 522년~기원전 ?년. 성은 염(冉), 이름은 옹(雍), 자는 중궁. 노 나라 출신. 덕행에 뛰어났음. 공문십철의 한 사람.

증자(曾子) 기원전 505년~기원전 434년. 성은 증, 이름은 삼(參), 자는 자여(子輿). 노 나라 출신. 효도에 뛰어났던 것으로 유명하고, 공자의 학문을 이어 받아 공자의 손자인 자사(子思)에게 전했다고 함.

| 일러두기 |

1. 이 책은 주희가 편찬한 《사서집주(四書集註)》 가운데 《논어집주(論語集註)》를 원전으로 삼아 그 핵심 내용을 골라 풀어쓰고 해설을 덧붙인 것이다. 《논어집주》는 중국, 한국, 일본 등의 유교 문화권에서 《논어》에 관한 일종의 교과서 역할을 해 왔고, 현대에도 가장 널리 읽히고 있는 판본이다.
2. 이 책은 공자 사상의 정수를 효과적으로 전달하고자 원전을 3부 14장으로 재구성하였다.
3. 독자들이 《논어》의 다양한 면을 음미할 수 있도록 가능한 많은 양의 원문을 사용하였다.
4. 원문의 번역은 〈참고 문헌〉에 기재되어 있는 《논어》 관련 도서들을 골고루 참조하였고, 그 중에서도 가장 일반적이고 보편적인 해석을 선택하여 가능한 쉽게 풀어쓰고자 하였다.
5. 원문의 해설은 여러 학자들의 학설 가운데 무리가 없고 설득력이 높은 것을 참조하였으며, 청소년의 이해 수준에 맞추어 가급적 평이하게 서술하였다.
6. 독자의 이해를 돕기 위해 설명이 필요하다고 생각되는 부분에는 괄호를 넣어 옮긴이의 주를 달았다.
7. 《논어》가 말하고자 하는 바를 효과적으로 전달하기 위해 대화문과 인용문에는 큰따옴표(“ ”)를, 강조하는 말에는 작은따옴표(‘ ’)를 사용하였다.
8. 《논어》를 좀 더 깊게 공부하려는 독자들을 위해 집필 과정에 이용한 책들을 〈참고 문헌〉에 별도 수록하였다.

|제 1 부| 《논어》의 중심 개념

論語

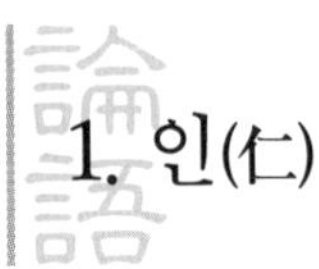

1. 인(仁)

공자(孔子, 기원전 551~기원전 479)를 언급하면 우리의 머릿속에는 자연스럽게 그리고 당연히 '인'이라는 낱말이 떠오른다. 다시 말해 공자 사상 가운데 가장 중심이 되는 개념인 인은 특별한 지식이 아닌 어느덧 상식이 되어 버린 것이다. 그럼에도 불구하고 인이 무엇이냐고 물어보면 명확하게 설명할 수 있는 이는 좀처럼 많지 않다.

대부분의 사람들은 자전의 해석 첫머리에 나오는 것처럼 인을 '어질다'는 말로 새기는 정도면 충분하다고 여기는 듯하다. 그러나 사실 《논어》의 인에는 앞으로 보게 될 것처럼 그보다 훨씬 많은 내용과 의미가 감추어져 있다. 그렇기에 공자는 《논어》에서 무려 58장에 걸쳐, 그 어느 개념보다 인을 다양한 방식으로 가장 많이 언급하며 강조했던 것이다. 이제 그 언급들을 될 수 있는 대로 여럿 인용하고 체계적으로 분석 종합하여, 그가 인이라는 개념을 통해 말하고자 한 내용이 과연 무엇이었는지 살펴보도록 하자.

인은 진실한 것이다

공자가 말했다. "듣기에 좋은 그럴듯한 말을 하고 얼굴빛을 보기 좋게 꾸미는 사람에게 인은 찾아보기 드물다!"

子曰 "巧言 令色, 鮮矣仁!"
자왈 교언 영색 선의인

〈학이(學而)〉

교언은 상대방이 듣기 좋게 말을 잘하는 것이고, 영색은 상대방이 보기 좋게 얼굴빛을 꾸미는 것이다. 별다른 사심 없이 모든 사람들에게 이렇게 대할 수만 있다면 그보다 좋을 것도 없겠지만, 이는 대부분의 경우 남의 환심을 사서 자신의 숨겨진 의도를 관철하려 한다거나 욕심을 채우기 위해서 하는 짓이다. 그러니까 '교언영색'은 자신의 이익을 위해 남을 속이고자 본모습을 꾸미는 거짓된 언행이다. 이러한 거짓된 언행을 일삼는 자에게 인이 드물다고 하는 것은 곧 진실성이 결여된 것은 인이 아니라는 소리다. 이것을 다시 뒤집어 보면 인은 진실한 것이라는 말이 된다. 이 진실성은 곧이어 하나하나 살펴보게 될 인을 구성하는 모든 구체적인 덕목의 바탕이기도 하다.

그런데 "찾아보기 드물다!"는 표현 때문에 혹시 찾아지는 경우도 있지 않을까라고 생각하는 사람이 있을지도 모르겠다. 그러나 그 표현은 '전혀 없다'라는 의미로 받아들여야 옳다. 왜냐하면 진실이란 모든 선의 기초요, 거짓은 모든 악의 토대이기 때문이다. 그래서 주자[朱子, 1130~1200. 성리학을 집대성한 중국 남송(南宋) 시대의 유학자 주희를 높여 부르는 말]는 이 구절의 주석에서 "성인(聖人, 여기서는 공자를 말함)은 절박하게 말하는 법이 없으므로 다만 '드물다'고 했을 뿐, 배움에 임하는 자들은 사실은 절대로 없다는 뜻으로 알아들어 마땅히 엄중토록 경계해야 한다."고 목청을 높였던 것이다. 그리고 주자의 그러한 설명은 결코 혼자만의 생각이라 할 수 없다.

공자가 말했다. "향원은 덕의 적이다."

子曰, "鄕原, 德之賊也."
자왈 향원 덕지적야

〈양화(陽貨)〉

공자가 말했다. "누가 미생고를 정직하다고 했는가? 어떤 이가 그에게 식초를 얻으러 가자 이웃집에서 빌려다 주었다는구나."

子曰, "孰謂微生高直? 或乞醯焉, 乞諸其鄰而與之."
자왈 숙위미생고직 혹걸혜언 걸저기린이여지

〈공야장(公冶長)〉

공자가 말했다. "듣기에 좋은 그럴듯한 말을 하고 얼굴빛을 보기 좋게 꾸미는 것과 지나친 공손을 좌구명은 부끄럽게 여겼는데, 나 또한 부끄럽게 여긴다. 원한을 감추고 그 사람과 벗으로 사귀는 것을 좌구명은 부끄럽게 여겼는데, 나 또한 부끄럽게 여긴다."

子曰, "巧言 令色 足恭, 左丘明恥之, 丘亦恥之. 匿怨而友其人, 左
자왈 교언 영색 주공 좌구명치지 구역치지 익원이우기인 좌

丘明恥之, 丘亦恥之."
구명치지 구역치지

〈공야장〉

향원은 시류에 적당히 편승하여 주변 사람들에게 좋은 사람이라는 평가를 듣기는 하지만 그 본질은 속물인 위선자를 가리키는 말이다. 다음에 나오는 미생고의 행위가 바로 위선에 해당된다. 미생고는 정직하다고 소문난 노 나라 사람이었다. 그런데 없으면 없다고 하는 것이 정직함에도 불구하고 이웃집에서 빌려다 주는 것은 진절함이 아니라 다른 사람의 환심을 사기 위한 위선적인 행동이다. 공자는 그러한 위선이 도덕을 해친다고, 다시 말해 위선자는 도덕의 적이라고 거리낌 없이 말하고 있다.

이어서 공자는 노 나라의 군자로 알려진 좌구명을 예로 들면서 그가 위선을 부끄럽게 여겼듯 자기 또한 그것을 부끄럽게 여긴다고 했다. 이로써 우리는 공자가 무엇보다 위선, 즉 거짓으로 착한 척하

는 것을 몹시 싫어하고 경계했다는 사실을 알 수 있다.

공자가 말했다. "강직하고 의연하며, 소박하고 어눌하면 인에 가깝다."

子曰, " 剛毅 木訥, 近仁."
자왈 강의 목눌 근인

〈자로(子路)〉

먼저 인 자체는 아니라고 해도 인에 근접한다고 하는 네 가지 것의 내용을 살펴보자. 강(剛)은 욕심이 없는 것[무욕(無欲)]이고, 의(毅)는 과감(果敢)한 것이며, 목(木)은 질박(質朴)한 것이고, 눌(訥)은 더디고 둔한 것[지둔(遲鈍)]이라는 해석이 있다. 다른 것들의 통상적인 의미는 위의 번역문과 비슷하나 다만 강직과 무욕만은 좀 달라 보인다. 그러나 욕심이 없으면 타협하거나 미혹되는 일이 없기에 강직하다고 할 수 있으므로 그 뜻이 통한다. 또한 네 가지를 둘씩 묶어서 "강하고 의연하면 물욕에 굴복하는 일이 없고, 소박하고 어눌하면 마음이 바깥으로 치닫는 일이 없다."로 해석하기도 하는데, 그 의미는 낱낱으로 나눌 때와 별반 다르지 않으므로 문제 될 것이 없다.

문제는 "인에 가깝다."는 표현에 있다. 그것은 아무리 가깝다 해도 결국은 인과 같지 않거나 그 속에 포함되지 않는다는 뜻이다. 얼핏 보아 인을 구성하는 덕목으로 취급해도 크게 모자랄 게 없는 것들을 두고 공자가 굳이 그렇게 말한 까닭은 무엇일까? 더욱이 '교언'과 '목눌' 그리고 '영색'과 '강의'는 서로 반대되는 개념이다. '교언영색'이 인이 아니라면 '목눌강의'는 인이 되어야 형식논리학상으로나마 타당하지 않겠는가? 앞서 주자의 말로 미루어 짐작하여, 공자는 단정적으로 말하는 것을 피하는 경향이 있으므로, 그저 완곡하게 말한 것으로 보면 되지 않겠느냐고 생각할 사람이 있을지도 모르겠다. 다시 말해 그것들이 인 속에 포함된다고 보는 입장이다. 그러나 과연 그럴까? 결론을 미리 말하자면 그렇지 않다!

그 이유를 지금 속 시원히 밝히자면 따로 설명할 것이 꽤 많다. 그러므로 여기서는 다만 그것들을 인, 또는 그 구성 요소라고 할 수 없는 것은, 거기에 무언가가 결여되어 있기 때문이라는 점만 지적해 두겠다. 그리고 사실 인은 그렇게 쉽게 단정적으로 말할 수 있는 것이 아니다. 오죽 했으면 인을 입에 달고 살다시피 했던 공자가 다음과 같은 말을 했겠는가?

> 공자가 말했다. "성이니 인이니 하는 경지를 내 어찌 감당하랴? 그러나 그렇게 되려고 노력하는 것을 싫어하지 않고, 남을 가르치는 일에 게으르지 않은 것이라면 그러하다고 말할 수 있을 따름이다."

공자

중국 춘추 시대 노 나라 출신으로 유학 사상을 창시하고 수많은 제자를 길러 냈다. '인'을 강조한 그의 철학은 과거와 현재를 막론하고 동아시아 문명 전반에 엄청난 영향을 끼쳤다. 이 그림은 명나라 때의 〈공자연거상(孔子燕居像)〉.

論語卷之一　朱熹集註

學而第一 此爲書之首篇。故所記多務本之意。乃入道之門。積德之基。學者之先務也。凡十六章

子曰學而時習之不亦說乎 說悅同○學之爲言效也。人性皆善而覺有先後。後覺者必效先覺之所爲。乃可以明善而復其初也。習鳥數飛也。學之不已。如鳥數飛也。說喜意也。旣學而又時時習之。則所學者熟而中心喜說。其進自不能已矣。程子曰習重習也。時復思繹。浹洽於中。則說也。又曰學者將以行之也。時習之。則所學者在我。故說。謝氏曰時習者。無時而不習。坐如尸。坐時習也。立如齊。立時習也

有朋自遠方來不亦樂乎 樂音洛○朋同類也。自遠方來。則近者可

論語　卷一　一

주희의 《논어집주》

《논어집주》는 성리학을 집대성한 중국 남송 시대의 유학자 주희의 《논어》 주석서로서, 중국, 한국, 일본 등의 유교 문화권에서 《논어》에 관한 일종의 교과서 역할을 해 왔다. '배우고 그것을 때맞추어 익히면 역시 기쁘지 않은가[자왈 학이시습지 불역열호(子曰學而時習之不亦說乎)].'라는 〈학이〉 편의 유명한 구절과 그에 대한 주희의 해석이 보인다.

이에 공서화가 말했다. "바로 그것이야말로 저희 제자들이 본받지 못하고 있는 것입니다."

子曰, "若聖與仁, 則吾豈敢? 抑爲之不厭, 誨人不倦, 則可謂云爾已矣."
자왈 약성여인 즉오개감 억위지불염 회인불권 즉가위운이이의

公西華曰, "正唯弟子不能學也."
공서화왈 정유제자불능학야

〈술이(述而)〉

물론 겸손의 말이기는 하나 인이라고 하는 것이 그렇게 녹록하게 이루어지는 것이 아니라는 암시이기도 하다.

인은 모든 덕목의 총체다

유자가 말했다. "그 사람됨이 효성스럽고 공손하면서 윗사람 해치기를 좋아하는 이는 없다. 윗사람 해치기를 좋아하지 않으면서 난을 일으키기를 좋아하는 자는 지금껏 없었다. 군자가 근본에 힘쓰는 것은 근본이 서야 도가 생겨나기 때문이다. 효성스럽고 공손한 것은 인을 실천하는 근본이라 하리라!"

有子曰, "其爲人也孝弟, 而好犯上者, 鮮矣; 不好犯上, 而好作亂
유자왈　　기위인야효제　이호범상자　선의　불호범상　이호작란

者, 未之有也. 君子務本, 本立而道生. 孝弟也者, 其爲仁之本與!"
자　미지유야　군자무본　본립이도생　효제야자　기위인지본여

〈학이〉

《논어》의 주연은 물론 공자고, 제자나 그 밖의 사람들은 조연이라 할 수 있다. 그런데 이 조연 가운데 주연급 조연이라 할 수 있는 이들이 있다. 다른 조연들은 대부분의 경우 주연의 대화 상대로 등장하는 반면 주연급 조연들은 곧잘 독백을 하곤 한다. 이때 그들은 '자공'이나 '중유' 같은 자(字)나 본명으로 나오지 않고, 공자와 마찬가지로 성 다음에 '자(子)' 자가 붙은 채 등장한다. 이는 요즘말로 하면 선생님 또는 스승님이라는 뜻이다. 따라서 이러한 대목들은 《논어》가 주연급 조연들의 직계 제자들이 편찬한 것이라는 증거로 이용되기도 한다. 참고로 유자의 본명은 유약(有若)이고, 자(字)는 자유(子有)다. 유자는 용모가 공자와 흡사했던 바람에 공자 서거 뒤 공식적인 후계자로 선출될 뻔했다는 에피소드가 전해진다.

어쨌거나 주연급 조연들의 독백은 공자의 가르침과 궤를 같이 하고 있기 때문에, 그리고 그들이 공자 당대에 살면서 처음으로 공자의 가르침을 직접 전수받은 제자들이라는 점에서, 적어도 《논어》에 등장하는 그들의 말은 공자 자신의 말과 크게 어긋나는 것이 없다고 보아도 무방하다.

여기서 눈여겨보아야 할 대목은 효성스럽고 공손한 것이 인을 실천하는 근본이라는 것, 다시 말해 효제(孝悌)야말로 인의 근본적인 덕목이라고 하는 부분이다. 효는 자식이 부모의 뜻을 거스르는 일 없이 그들을 잘 섬기는 것이고, 제는 동생이 형에게 공손히 대하는 일을 말하는 것으로, 둘 다 인지상정(人之常情)의 자연스러운 발로라고 할 수 있다. 이것을 점차 확대해서 남의 부모와 형, 즉 이웃과 사회 전체의 구성원에게 미치게 하는 것이 바로 인이다. 그러한 의미에서 유자는 효제를 인의 근본이라고 한 것이다.

이렇게 인의 근본 원리는 누구나 자연스럽게 갖고 있는 효제에 바탕을 둔 것이지 각고의 노력 끝에 얻어지는 특별한 깨달음에 있는 것이 아니다. 그와 동시에 바탕이 없으면 그 위에 아무런 것도 쌓을 수 없듯이 효제의 마음을 잃으면 인을 이루기는커녕 가족과 사회에 폐해를 초래하는 악당이 되고 마는 것이다. 문제는, 효제가 비록 자연스러운 감정이라고 해도 자주 확인하고 채찍질해서 분발하게 하지 않는다면, 혹은 개개인의 사리사욕에 가려진다면 그 자취가 감쪽같이 사라질 것이라는 데 있다.

재아가 물었다. "삼년상은 그 기간이 너무 깁니다. 군자가 삼 년 동안이나 예를 행하지 않으면 예는 틀림없이 파괴될 것이고, 삼 년 동안이나 음악을 연주하지 않는다면 음악은 반드시 붕괴되고 말 것입니다. 일 년이면 묵은 곡식도 다 떨어져 햇곡식이 나오고, 불씨도 바꾸는 법이니 그 정도면 그만두어도 될 듯합니다."

공자가 말했다. "너는 삼 년이 지나기 전에 쌀밥을 먹고, 비단옷을 걸치는 것이 마음에 편하더냐?"

재아가 대답했다. "편안합니다."

"네가 편하다면 그렇게 하렴! 무릇 군자는 상중에 있을 때는 맛있는 음식을 먹어도 달지 않고, 음악을 들어도 즐겁지 않으며, 집에 있어도 편안하지 않기 때문에 그렇게 하지 않는 것이다. 그런데 지금 너는 편안하다고 하니 그렇게 하거라!"

재아가 물러가자 공자가 말했다. "재아는 인하지 못하구나! 자식은 태어나서 삼 년이 지난 후에야 부모의 품을 벗어나는 법이다. 대저 삼년상은 천하에 공통되는 상례인 것이다. 재아도 그 부모로부터 삼 년 동안 사랑을 받았을까?"

宰我問, "三年之喪, 期已久矣. 君子三年不爲禮, 禮必壞; 三年不爲
재아문 삼년지상 기이구의 군자삼년불위례 예필괴 삼년불위

樂, 樂必崩. 舊穀既沒, 新穀既升, 鑽燧改火, 期可已矣."
악 악필붕 구곡기몰 신곡기승 찬수개화 기가이의

子曰, "食夫稻, 衣夫錦, 於女安乎?"
자왈 식부도 의부금 어여안호

曰, "安."
왈 안

"女安則爲之! 夫君子之居喪, 食旨不甘, 聞樂不樂, 居處不安, 故不
여안즉위지 부군자지거상 식지불감 문악불락 거처불안 고불

爲也. 今女安, 則爲之!"
위야 금여안 즉위지

宰我出. 子曰, "予之不仁也! 子生三年, 然後免於父母之懷. 夫三年
재아출 자왈 여지불인야 자생삼년 연후면어부모지회 부삼년

之喪, 天下之通喪也. 予也有三年之愛於其父母乎?"
지상 천하지통상야 여야유삼년지애어기부모호

〈양화〉

얼핏 보면 재아는 현실적이고 실용적인 관점에서 삼년상에 반대하는 듯하다. 그러나 속셈은 삼 년 동안이나 평소대로 누리고 즐기지 못하는 것이 못마땅하다는 데 있었다. 다시 말해 자신의 편안함만을 추구하다 보니 효심이 온데간데없이 사라져 버린 것이다. 인의 근본 가운데 하나인 효심을 상실했으니 재아는 인하려고 해야 인할 리가 없다. 아닌 게 아니라 한나라 초기의 역사가 사마천(司馬遷, 기원전 145~기원전 86)의 역사서 《사기(史記)》를 보면, 재아는 나중에 제 나라의 도성 임치(臨菑)의 대부(大夫, 중국에서 벼슬아치를 세 등급으로 나눈 품계의 하나)로 있다가, 기원전 481년 역시 제 나라의 대부로 있던 전상(田常)이 권력을 찬탈하고자 제 나라 임금을 살해한 난리에 동참함으로써 급기야 멸족(滅族)의 화를 당했는데, 공자는 그것을 부끄럽게 여겼다고 한다. 이때 공자는 노 나라 임금에게 전상을 토벌하자고 요청했지만 받아들여지지 않았다.

앞서 유자가 한 말을 뒤집어 보면 사람됨이 효성스럽지 못한 자는 윗사람 해치기를 좋아하고 언젠가 반드시 난을 일으킴을 알 수 있는데, 재아가 현실에서 그 모델 노릇을 톡톡히 한 셈이다. 그래서 군자라면 인의 근본인 효제를 잃지 않기 위해 힘써야 하는 것이다.

자장이 공자에게 인에 대해 물었다.

공자가 대답했다. "천하에 다섯 가지를 행할 수 있으면 인이라 할 수 있다."

자장이 그 다섯 가지를 청해 물었다.

공자가 대답했다. "공손함, 관대함, 미더움, 민첩함, 은혜로움이다. 공손하면 업신여김을 당하지 않고, 관대하면 많은 이들의 지지를 얻고, 미더우면 남이 일을 맡기고, 민첩하면 공을 세우고, 은혜로우면 남을 부리기에 족하다."

子張問仁於孔子.
자장문인어공자

孔子曰, "能行五者於天下, 爲仁矣."
공자왈 능행오자어천하 위인의

請問之.
청문지

曰, "恭 寬 信 敏 惠. 恭則不侮, 寬則得衆, 信則人任焉, 敏則有功,
왈 공관신민혜 공즉불모 관즉득중 신즉인임언 민즉유공

惠則足以使人."
혜 즉 족 이 사 인

〈양화〉

중궁이 인에 대해 물었다.

공자가 대답했다. "문을 나서면 큰손님을 만난 듯이 하고, 백성을 부릴 때는 큰 제사를 지내는 것처럼 하여라. 자기가 하고 싶지 않은 일을 남에게 시키지 말라. 그러면 나라에서 일을 할 때도 다른 이들의 원망이 없을 것이고, 집에 있을 때도 다른 이들의 원망이 없을 것이다."

중궁이 말했다. "제가 비록 민첩하지는 못하지만 모쪼록 그 말씀을 받들어 행하겠습니다."

仲弓問仁.
중 궁 문 인

子曰, "出門如見大賓, 使民如承大祭. 己所不欲, 勿施於人. 在邦無怨, 在家無怨."
자 왈 출 문 여 견 대 빈 사 민 여 승 대 제 기 소 불 욕 물 시 어 인 재 방 무 원 재 가 무 원

仲弓曰, "雍雖不敏, 請事斯語矣."
중 궁 왈 옹 수 불 민 청 사 사 어 의

〈안연(顔淵)〉

사마우가 인에 대해 물었다.

공자가 대답했다. "인자(仁者)는 입이 무겁다."

사마우가 물었다. "입이 무거우면 곧 인이라고 할 수 있습니까?"

공자가 대답했다. "인을 행하기란 어려운 법이니 입이 무겁지 않을 수 있겠느냐?"

司馬牛問仁.
사 마 우 문 인

子曰, "仁者其言也訒."
자 왈 인 자 기 언 야 인

曰, "其言也訒, 斯謂之仁已乎?"
왈 기 언 야 인 사 위 지 인 이 호

子曰, "爲之難, 言之得無訒乎?"
자 왈 위 지 난 언 지 득 무 인 호

〈안연〉

공자가 말했다. "덕이 있는 이는 반드시 그 말도 훌륭한 법이지만, 그 말이 훌륭하다고 해서 반드시 다 덕이 있는 것은 아니다. 인자는 반드시 용기가 있지만, 용기가 있다고 해서 반드시 인한 것은 아니다."

子曰, "有德者必有言, 有言者不必有德; 仁者必有勇, 勇者不必有仁."
자 왈 유 덕 자 필 유 언 유 언 자 불 필 유 덕 인 자 필 유 용 용 자 불 필 유 인

〈헌문(憲問)〉

번지가…… 인에 대해 물었다.

공자가 대답했다. "인자는 어려운 일은 남보다 먼저 하고, 이득을 얻는 일은 남보다 뒤에 하는 것이니, 그렇게 하면 인자라고 할 수 있다."

樊遲…… 問仁.
번지 문인

曰, "仁者先難而後獲, 可謂仁矣."
왈 인자선난이후획 가위인의

〈옹야(雍也)〉

번지가 인에 대해 물었다.

공자가 대답했다. "평소에 행동을 공손히 하고, 일을 처리할 때는 경건하게 하며, 남과 사귈 때는 충직해야 하는 것이다. 비록 오랑캐의 땅에 간다고 해도 이것을 버려서는 안 된다."

樊遲問仁.
번지문인

子曰, "居處恭, 執事敬, 與人忠. 雖之夷狄, 不可棄也."
자왈 거처공 집사경 여인충 수지이적 불가기야

〈자로〉

공자의 가르침은 형식상으로는 직접적인 개인 지도 방식이고, 내용상으로는 이른바 대기 설법(對機說法)이었다. 흔히 석가모니 붓다의 전용 교수법으로 알려진 대기 설법은 듣는 이의 수준에 맞추어서 그 가르침의 내용을 달리하는 것이다. 따라서 똑같은 질문도 질문자의 수준이나 성품에 따라 그 대답이 달라지므로 우리는 어느 한 대답만을 그 질문의 정답으로 생각하는 잘못을 범해서는 안 된다. 이것은 공자의 경우도 마찬가지다. 그렇기에 《논어》를 읽을 때도 질문을 하는 자가 누구고, 또 어떤 상황에서 그 질문을 한 것인지 늘 염두에 두어야 한다. 그렇지 않으면 공자를 한 입으로 두 말 하는 자기모순적인 사람으로 여기게 되기 십상이다. 흔히 공자를 폄하하는 자들의 잘못은 바로 이 기본적인 독법을 지키지 않는 데서 비롯된 것이 적지 않다. 그러면 공자의 대기 설법의 진수를 보여 주는 대목을 슬쩍 살펴보고 계속해서 인에 관한 논의를 해 보기로 하자.

자로가 물었다. "옳은 일을 들으면 곧 실천해야 합니까?"

공자가 대답했다. "부모와 형이 살아 계시는데 어떻게 듣는 대로 곧 실천한단 말이냐?"

염유가 물었다. "옳은 일을 들으면 곧 실천해야 합니까?"

공자가 대답했다. "듣는 대로 곧 실천하도록 하여라."

공서화가 말했다. "자로가 '옳은 일을 들으면 곧 실천해야 합니까?' 하고 여쭈었을 때 선생님께서는 '부모와 형이 살아 계신다.' 라고 하시고, 염유가 '옳은 일을 들으면 곧 실천해야 합니까?' 하고 여쭈었을 때는 선생님께서 '듣는 대로 곧 실천하도록 하여라.'라고 하셨습니다. 저는 이해가 되지 않아서 감히 그 까닭을 여쭈어 봅니다."

공자가 대답했다. "염유는 소극적이라 물러서기 좋아하기 때문에 앞으로 나아가게 격려한 것이고, 자로는 남의 일까지 나서기를 좋아하므로 물러나게 한 것이다."

子路問, "聞斯行諸?"
자로문 문사행저

子曰, "有父兄在, 如之何其聞斯行之?"
자왈 유부형재 여지하기문사행지

冉有問, "聞斯行諸?"
염유문 문사행저

子曰, "聞斯行之."
자왈 문사행지

公西華曰, "由也問聞斯行諸, 子曰 '有父兄在.'; 求也問聞斯行諸,
공서화왈 유야문문사행저 자왈 유부형재 구야문문사행저

子曰 '聞斯行之.' 赤也惑, 敢問."
자왈 문사행지 적야혹 감문

子曰, "求也退, 故進之; 由也兼人, 故退之."
자왈 구야퇴 고진지 유야겸인 고퇴지

〈선진(先進)〉

앞서의 인용문들을 종합해 보면 인간이 가질 수 있는 모든 덕목이 다 열거된 것은 아니지만, 그 논리상 온갖 덕목이 인에 포함됨을 미루어 짐작할 수 있다. 다시 말해 공손함, 경건함, 믿음직함, 충직함과 용기를 비롯해서 온갖 덕목이 함께 어우러진 총체가 바로 인인 것이다.

그런데 공자가 제자들을 가르치는 방식은 직접적이고 구체적이며 실천적이었기 때문에, 그 제자들이 인에 대해서 물어볼 때마다 한결같이 "인은 모든 덕목의 총체다."처럼 개념적인 차원의 정의를 내리기보다는, 지금 묻고 있는 그 제자에게 결핍되어 있거나 가장 필요하다고 생각되는 점을 답으로 제시했던 것이다. 예를 들자면 앞에 나온 자장은 정치에 관심이 많은 제자였으므로 공자는 주로 대인 관계와 정치 분야에서 요구되는 인의 내용을 알려 준 것이며, 사마우는 말이 많고 따지기를 좋아하는 성품이었기에 인의 내용을 우선 입 조심에 국한시켜 말해 준 것이다.

맹무백이 물었다. "자로는 인합니까?"

공자가 대답했다. "모르겠소."

맹무백이 다시 물었다.

공자가 대답했다. "자로는 천승(千乘, 전투용 수레 천 대라는 뜻으로 천이나 백 같은 보유 숫자는 국력이나 가문의 세력을 나타냄)의 나라에서 그

군사를 지휘하게 할 수는 있으나 인한지는 모르겠소."

"염유는 어떻습니까?"

공자가 대답했다. "염유는 천실(千室, 천 개의 호구)의 읍이나 백승(百乘)의 가문에서 가재(家宰, 가문의 우두머리 신하) 노릇을 하게 할 수는 있으나 인한지는 모르겠소."

"공서화는 어떻습니까?"

공자가 대답했다. "공서화는 관복을 입고 조정에 나가서 빈객들과 이야기를 나누게 할 수는 있으나 인한지는 모르겠소."

孟武伯問, "子路仁乎?"
맹무백문 자로인호

子曰, "不知也."
자왈 부지야

又問.
우문

子曰, "由也, 千乘之國, 可使治其賦也, 不知其仁也."
자왈 유야 천승지국 가사치기부야 부지기인야

"求也何如?"
구야하여

子曰, "求也, 千室之邑, 百乘之家, 可使爲之宰也, 不知其仁也."
자왈 구야 천실지읍 백승지가 가사위지재야 부지기인야

"赤也何如?"
적야하여

子曰, "赤也, 束帶立於朝, 可使與賓客言也, 不知其仁也."
자왈 적야 속대립어조 가사여빈객언야 부지기인야

〈공야장〉

어떤 이가 말했다. "중궁은 인하기는 하지만 말재주가 없습니다."

공자가 말했다. "말재주가 무슨 소용이 있단 말인가? 말재주로 남을 대하면 곧잘 미움을 사게 된다. 그가 인한지는 모르겠으나 말재주가 무슨 소용이 있단 말인가?"

或曰, "雍也仁而不佞."
혹왈 옹야인이불녕

子曰, "焉用佞? 禦人以口給, 屢憎於人. 不知其仁, 焉用佞?"
자왈 언용녕 어인이구급 누증어인 부지기인 언용녕

〈공야장〉

자로와 염유, 그리고 중궁은 모두 공문십철에 드는 제자로 앞의 두 사람은 정사에, 그리고 후자는 덕행에 뛰어났다. 공서화는 비록 그 반열에 오르지는 못했지만 언변이 출중했다. 이들이 공문을 대표하는 수제자와 우등생임은 두말할 것도 없다. 그런데 공자는 그들이 인한지를 알 수 없다고 말했다. 왜 그랬을까?

우선 재능과 인은 별개의 문제이기 때문이다. 공부를 아주 잘하거나 비범한 재능을 가지고 있거나 학교나 사회에서 높은 지위에 있다고 해서 반드시 인간적으로 훌륭한 사람인 것은 아니다. 우리는 이러한 경우를 곧잘 본다. 두 번째, 인은 모든 덕의 총체이기 때문에 그것을 이루는 덕목을 하나 둘 갖추었다고 해서 반드시 인하다고 할 수는 없기 때문이다. 가령 자로는 공자의 문하에서 가장 용기가 많은 것으

공자와 공문십철

공문십철이란 안연, 자공, 자로, 염구, 자하 등 공자의 제자 가운데 특히 학덕이 출중했던 열 명을 말한다. 〈공자성적도(孔子聖蹟圖)〉 중에서.

로 정평이 나 있었고 중궁의 덕행 역시 마찬가지였지만, 공자의 눈에는 그들이 인의 경지에 들기에 여전히 부족해 보이는 것이 있었던 모양이다. 그러니까 인은 온갖 덕목을 골고루 갖추기 전에는, 즉 요즘 말로 하면 전인(全人)적인 인격을 갖추기 전에는 함부로 갖다 붙일 수 없는 것이다. 앞에서 번지가 인에 대해 묻자, 공자는 일상생활에서 갖추어야 할 공손함, 경건함, 그리고 충직함이라는 세 가지 덕목을 들고는, 계속해서 인은 오랑캐의 땅, 다시 말해 문명화가 아직 이루어지지 않은 야만의 땅에 가서도 절대로 버려서는 안 되는 것이라고 말했다. 그 까닭에 대해서는 공자의 입을 통해 별도의 설명이 이어지지 않고 있으므로 그저 추론해 보건대, 일단 인은 사람으로서 마땅히 그리고 언제나 갖추고 있어야 할 '바람직한 인격'이기 때문이라고 할 수 있다. 여기서 오랑캐의 땅이 상징하고 있는 것은 원칙이 통하지 않는 사회 또는 어지러운 세상, 즉 난세(亂世)라고 할 수 있다.

대부분의 사람들은 이러한 때를 만나면 스스로 인을 포기하거나 외면한다. 그렇지 않고서는 손해를 보기 마련이라는 생각에서다. 그렇기에 세상은 더욱 어지러워지고, 그 결과 "만인은 만인에 대한 늑대", 즉 "만인의 만인에 대한 투쟁"이라고 하는 끔찍한 상황이 초래되는 것이다. 그러므로 인을 포기하는 것은 사람임을 포기하는 것이나 다름없다. 때문에 공자는 인은 어디를 가든 어떤 상황에 처하든 절대로 버려서는 안 되는 것이라고 말했던 것이다.

이 구절에 대해서는 다르게 해석하는 학자들도 있다. 인을 견지하고 있으면 어디를 가더라도, 설사 오랑캐의 땅에 가거나 난세를 만나더라도 버림을 받는 일이 없을 것이라고 하는 해석이 바로 그것이다. 물론 인을 지닌 사람이라면 누구에게든 흠모의 대상이 되고 환영받기 마련일 것이므로 이런 해석이 아주 무리라고는 할 수 없다. 그러나 이러한 해석은 좀 이상적이고 어느 면에서는 낭만적이기까지 하다는 느낌을 지울 수 없다. 인자가 등용되지 못하고 버림을 받는 사례는 역사 속에서 그리 어렵지 않게 찾아볼 수 있기 때문이다. 사실 공자가 바로 그 대표격 아니던가? 그러므로 이 구절은, 인은 자신이 손해를 보거나 피해를 당할 수 있는 그 어떤 상황에서도 절대로 버릴 수 없는 것이라고 해석하는 편이 공자의 취지에 더 가깝다고 본다. 그리고 그것은 다음의 말을 통해서도 여실히 증명된다.

공자가 말했다. "부귀는 사람들이 바라는 바지만 정당한 방법으로 얻은 것이 아니라면 연연하여 머물지 않는다. 빈천은 사람들이 싫어하는 바지만 부당하게 그렇게 되었다 하더라도 굳이 벗어나려 하지 않는다. 군자가 인을 버리면 어찌 군자라는 이름을 이룰 수 있겠는가? 군자는 밥 한 끼를 먹는 짧은 시간이라도 인을 어기는 일이 없고, 다급한 상황에서도 반드시 인에 머물고, 곤경에 빠져서도 반드시 인에 머문다."

子曰, “富與貴是人之所欲也, 不以其道得之, 不處也; 貧與賤是人之
자왈 부여귀시인지소욕야 불이기도득지 불처야 빈여천시인지

所惡也, 不以其道得之, 不去也. 君子去仁, 惡乎成名? 君子無終食之
소오야 불이기도득지 불거야 군자거인 오호성명 군자무종식지

間違仁, 造次必於是, 顚沛必於是.”
간위인 조차필어시 전패필어시

〈이인(里仁)〉

인은 사람을 적극적으로 사랑하는 것이다

번지가 인에 대해 물었다.

공자가 대답했다. “사람을 사랑하는 것이다.”

樊遲問仁.
번지문인

子曰, “愛人.”
자왈 애인

〈안연〉

그 옛날 학생 수가 무려 3천 명에 이르렀다고 하는 공자 학당에는 우열반(優劣班)이 있었다. 먼저 우반은 이미 언급한 공문십철을 필두로 육예(六藝, 예절·음악·활쏘기·말 타기·글쓰기·셈 하기의 6가지 기예)에 통달

했다고 하는 72명과 그에 약간 못 미치는 꽤 많은 제자들로 이루어져 있었고, 그 나머지가 이른바 열반을 구성했다. 그리고 열반을 대표하는 인물로 곧잘 등장하는 사람이 바로 번지다. 그는 공자에게 농사 짓는 법을 물어보았다가 '소인(小人)'이라는 평가를 받은 적이 있는데, 그것은 오늘날로 따지면 정치학과에 입학한 학생이 전공 수업 중 뜬금없이 농업학과의 일을 묻고는 꾸지람을 들은 격이다. 번지가 열반의 반장 격인 인물로 지목된 것은 바로 이때부터가 아닌가 싶다. 여하튼 공자는 번지의 자질이 좀 수상쩍다고 여겼던 탓인지 그가 질문을 하면 될 수 있는 대로 쉽고 간단하게 답해 주었다. 그렇기에 어떤 면에서 번지는 우리에게 반가운 인물이기도 하다. 공자와 번지와의 문답을 통해 우리는 힘을 덜 들이고도 공자가 말하고자 하는 핵심의 실마리를 비교적 쉽게 얻을 수 있기 때문이다.

주의력이 깊은 독자라면 번지가 지금까지 모두 세 번에 걸쳐 공자에게 인에 대해 물었다는 사실을 알아차렸을 것이다. 북송의 유학자 호인(胡寅, 1098~1156)은 그 시간상의 순서로, 앞서 나온 공손함, 경건함, 충직함을 운운하는 대목을 첫 번째, 인이란 어려운 일은 남보다 먼저 하고 이득을 얻는 일은 남보다 뒤에 하는 것이라는 대목을 두 번째, 그리고 이번의 대목을 세 번째라고 꼽았지만 그 이유를 확실히 밝히지는 않았다. 아마도 공자의 대답이 점점 간결해지는 모습에 주목했던 것으로 보인다.

북송의 또 다른 유학자 형병(邢昺, 932~1010)은 첫 번째 대목에서 공손함, 경건함, 충직함을 거론한 까닭은 "범인(凡人)들은 평소에 방자한 경우가 많고, 일을 할 때는 게으름을 피우고, 남과 사귈 때는 자신의 모든 것을 다 바치지 않기" 때문이라고 했다. 그러니까 이 세 가지 덕목은 평범한 사람이 그 굴레를 벗어나 인의 경지에 들어서기 위해서, 또는 인을 회복하기 위해서 부단히 갈고 닦아 늘 지녀야 하는 것이다. 그리고 두 번째 대목은 이기심을 없애는 것이 곧 인이라는 뜻이다. 그런데 이러한 덕목들을 머리로 이해하기는 쉽지만 지속적으로 실천하기란 여간 힘든 일이 아니다. 그래서 대부분의 보통 사람들은 그런 말을 들어도 경 읽는 소리를 듣는 소처럼 행동하거나, 이를 자기로서는 도저히 흉내 낼 수 없는 도덕군자의 잔소리로 치부하기 십상이다. '범인'이 이러할진대 그보다도 못한 '소인'이라는 평을 들은 바 있는 번지가, 통렬히 깨닫는 바가 있어 그 덕목들을 당장 실천하고자 애썼다고 보기는 힘들 것 같다. 그래도 번지는 어떤 면에서는 범인보다 제법 훌륭한 면이 있다. 자기가 알아들을 수 있고, 몸소 실천할 수 있는 가르침을 받을 때까지 줄기차게 묻는 모습을 보면 말이다. 무릇 배우는 자, 즉 학생은 이래야 하는 법이다.

번지는 자기의 똑같은 질문에 공자가 서로 다른 대답을 하고 다른 제자들에게 귀띔해 주는 말도 제각각인 것에 도통 핵심을 눈치 채지 못하고 답답해하다가, 이윽고 단도직입적으로 물어본다. 손을 번쩍

들고 질문한 이가 번지임을 본 공자는 이에 한마디로 딱 잘라 대답해 준 것이다. "인은 바로 사람을 사랑하는 것이다!"

여기서 사랑이라고 하는 것은 이성 간에 열렬히 좋아하는 마음이 아니라 사람이 사람을 몹시 아끼고 소중히 여기는 마음이다. 그것은 곧 남을 자기처럼 여기는 것이고, 그러한 의미에서 동정심이라고도 할 수 있다. 그러나 공자가 말하는 사랑, 곧 인은 여기서 그치지 않는다.

"남을 누르고, 자기를 자랑하고, 남을 원망하며 욕심내는 일을 하지 않으면 인하다고 할 수 있겠습니까?"

공자가 대답했다. "어려운 일이라고는 할 수 있으나 과연 인이라고 할 수 있을지는 나는 잘 모르겠다."

"克伐怨欲不行焉, 可以爲仁矣?"
극 벌 원 욕 불 행 언 가 이 위 인 의

子曰, "可以爲難矣, 仁則吾不知也."
자 왈 가 이 위 난 의 인 즉 오 부 지 야

〈헌문〉

자장이 물었다. "초(楚) 나라의 영윤(令尹, 재상에 해당하는 초 나라 최고의 관직)인 자문은 세 번이나 영윤 자리에 올랐으면서도 기뻐하는

3천 제자를 거느린 공자

우열반이 나뉘어져 있기도 했던 그 옛날 공자 학당은, 공자의 수제자들인 공문십철을 필두로 학생 수가 무려 3천 명에 이르도록 번창했다고 한다. 〈성적도 각석(刻石)〉 탁본 중에서.

기색이 없었고, 세 번이나 그 자리를 그만두었는데도 원망하는 기색이 없었다고 합니다. 또한 전임 영윤으로서 자기가 맡았던 정사를 반드시 신임 영윤에게 알려 주었습니다. 그 사람을 어떻게 생각하십니까?"

공자가 대답했다. "충실한 사람이다."

자장이 물었다 "인하다고 할 수 있겠습니까?"

공자가 대답했다. "모르겠다만, 어찌 인하다고 할 수 있겠느냐?"

"최자가 제 나라 임금을 죽였을 때, 진문자는 십승(十乘)의 말을 가지고 있었는데 그것을 버리고 떠났습니다. 그리고 다른 나라에 도착하자 곧 '이 나라 대부들도 우리나라의 대부 최자와 같다.'고 말하고 떠났으며, 또 다른 나라에 가서도 '이 나라 대부들도 우리나라의 대부 최자와 같다.'고 말하고는 떠났습니다. 이 사람은 어떻게 생각하십니까?"

공자가 대답했다. "청렴한 사람이다."

자장이 물었다. "인하다고 할 수 있겠습니까?"

공자가 대답했다. "모르겠다만, 어찌 인하다고 할 수 있겠느냐?"

子張問曰, "令尹子文三仕爲令尹, 無喜色; 三已之, 無慍色. 舊令尹
자장문왈 영윤자문삼사위령윤 무희색 삼이지 무온색 구령윤

之政, 必以告新令尹. 何如?"
지정 필이고신령윤 하여

子曰, "忠矣."
자왈 충의

曰, "仁矣乎?"
왈 인의호

曰, "未知, 焉得仁?"
왈 미지 언득인

"崔子弑齊君, 陳文子有馬十乘, 棄而違之. 至於他邦, 則曰, '猶吾
최자시제군 진문자유마십승 기이위지 지어타방 즉왈 유오

大夫崔子也.' 違之. 之一邦, 則又曰, '猶吾大夫崔子也.' 違之. 何如?"
대부최자야 위지 지일방 즉우왈 유오대부최자야 위지 하여

子曰, "淸矣."
자왈 청의

曰, "仁矣乎?"
왈 인의호

曰, "未知. 焉得仁?"
왈 미지 언득인

〈공야장〉

자문은 사심이 없었던 사람으로 27년간이나 영윤의 자리에 있었다. 그는 성득신(成得臣)이라는 사람이 진(陳)을 토벌해서 공을 세우자 자신의 자리를 내주면서까지 논공행상을 철저히 했다고 전해진다. 최자는 제 나라의 대부로 그 임금인 장공(莊公)이 자신의 처와 정을 통하자 그를 시해하고는 경공(慶公)을 세운 뒤 공포 정치를 시행했다. 이에 역시 제 나라의 대부였던 진문자는 그 잔악무도함을 참을 수 없어 십승의 말을 버리고, 다시 말해 거의 전 재산을 버리고 제 나라를 떠났다.

자신의 직분에 충실함과 청렴함은, 물론 인의 구성 요소가 되는 덕목들 가운데 하나다. 그런데 공자가 여기서 그들이 그러한 덕목을 갖추었다고 말하면서도 인하다는 평가를 아낀 것에는, 그들이 모든 덕목의 총체로서의 인에 이르지 못했다고 여긴 까닭도 있겠지만, 무엇보다 우선 그것이 하나의 처신에 해당되는 것에 지나지 않았기 때문이다.

남을 누르거나 스스로를 자랑하는 것, 남을 원망하며 욕심내지 않는 것 역시 하기 어려운 일이며 훌륭한 덕목이라 할 수 있지만, 그것 또한 다른 사람에게 피해를 주지 않는 데 그칠 뿐인 소극적인 태도다. 공자가 말하는 사랑, 곧 인의 특징은 여기서 한걸음 더 나아가 적극적으로 남을 돕는 데 있다.

이로써 드디어 앞서 공자가 "강직하고 의연하며, 소박하고 어눌하면 인에 가깝다."고 한 말의 진의를 알 수 있게 되었다. 강직하고 의연하며 소박하고 어눌한 태도를 갖추는 것 역시 어려운 일이고 덕목이라고 하지 않을 수 없는 것들이지만 남을 애써 도우려고 하는 적극성이 결여되어 있는 한, 인에 가깝기는 해도 결코 인이 될 수 없는 것이다.

자공이 말했다. "만약 널리 백성들에게 은혜를 베풀고 많은 사람을 구제할 수 있다면 어떻습니까? 인하다고 할 수 있겠습니까?"

공자가 말했다. "어찌 인하다고 할 뿐이겠느냐? 반드시 성스럽다 하리라! 요 임금이나 순 임금도 그렇게 하는 것을 어렵게 여겼을 것이다. 무릇 인한 사람은 자기가 서고자 하면 남도 세워 주고, 자기가 두루 통하고 싶으면 남도 두루 통하게 해 준다. 가까운 자기 몸을 예로 삼아 남의 처지를 가늠해 볼 수 있다면, 그것이야말로 인을 실천하는 올바른 방법이라 할 수 있을 것이다."

子貢曰, "如有博施於民而能濟衆, 何如? 可謂仁乎?"
자공왈 여유박시어민이능제중 하여 가위인호

子曰, "何事於仁, 必也聖乎! 堯舜其猶病諸! 夫仁者, 己欲立而立人,
자왈 하사어인 필야성호 요순기유병저 부인자 기욕립이립인
己欲達而達人. 能近取譬, 可謂仁之方也已."
기욕달이달인 능근취비 가위인지방야이

〈옹야〉

어떤 사람이나 행동을 두고 인한가를 묻는 질문만 하면 모르쇠로 일관하던 공자가 마침내 손뼉을 딱 치고는 과장법까지 섞어서 정답이라고 인정한 것은 적극적으로 남을 돕는 이타심과 이타적인 행동이다. 다시 말해 동정심에서 한걸음 더 나아가 이타적인 행동에 이르러야 비로소 인이라고 할 수 있다는 것이다.

맹자(孟子, 기원전 372~기원전 289. 중국 전국 시대의 사상가)가 "측은지심(惻隱之心)은 인의 실마리다."라고 말한 것도 바로 이러한 맥락에서다.

불쌍히 여겨 언짢아하는 마음을 갖는 것, 즉 동정심을 갖는 것은 인의 실마리일 뿐, 인 자체는 아니다. 그 실마리를 잘 풀어 완전히 전개해야 비로소 온전한 인이 되는 것이다. 그리고 그렇게 할 수 있는 가장 좋은 방법은 쉬운 말로 하자면 입장을 바꿔 놓고 생각해 보는 것이다. 내가 입신출세하고 싶듯 남도 그럴 것이므로 남이 입신출세할 수 있도록 도와주고, 내가 내 부모 형제를 소중히 여기듯 남도 그럴 것이므로 효제의 마음을 남의 부모 형제에게까지 미치게 하는 것이다. 그러므로 요순과 같은 성군들이 베푼 인정도 결국은 효제의 확대에 다름 아니다.

이러한 사랑의 마음을 적극적인 자세로 자기 자신에게 돌리면 자신에게 피해를 끼치는 일을 하지 않게 되므로 결국은 자기 수양이 되고, 부모에게 돌리면 효가 되고, 연장자에게 돌리면 제가 되며, 자기가 맡은 일에 돌리면 충실함이 되고, 말과 행동에 돌리면 미더움이 된다. 결국 여러 가지 덕목이라고 하는 것은 사랑의 마음이 그 대상에 따라 다르게 나타난 것에 지나지 않는다. 그러므로 사랑이 바로 인의 핵심이다!

인은 멀리 있거나 얻기 어려운 것이 아니다

공자가 말했다. "인은 멀리 있는 것인가? 내가 인을 바라면 인은 곧 내게 다가온다."

子曰, "仁遠乎哉? 我欲仁, 斯仁至矣."
자왈 인원호재 아욕인 사인지의

〈술이〉

공자가 수제자들을 비롯해서 제법 훌륭한 사람들을 평가할 때 여간해서는 쓰지 않았던 인이라고 하는 것은 도대체 어디 있는 것일까? 그렇게 함부로 쓸 수 없을 정도로 대단한 것이라면 현실이 아닌 이상향, 즉 저 멀리 하늘나라에 있거나 각고의 노력 끝에 얻은 깨달음 속에서나 찾아볼 수 있는 것일까? 그 정도는 아니라 해도 우리가 흔히 인을 도달하거나 획득하기 어려운 것으로 여기고 있는 데 비해 공자는 그렇게 생각하지 않았다. 그것은 우리가 행하고자 하면 금방 다가올 수 있는 곳에 있다. 그곳은 바로 사람이라면 누구나 갖고 있는 '마음'이다. 물론 공자가 직접 마음이라는 말을 사용하고 있지는 않지만, 바라기만 하면 곧 다가올 수 있을 정도로 언제나 사람의 지척에 있는 것은 자신의 마음밖에 없다. 그래서 주자는 이 구절을 "인이라고 하는 것은 마음의 덕으로 바깥에 있는 것이 아니다."라고 풀이한 것이다.

사람은 누구나 마음을 갖고 태어난다. 따라서 인은 생래적 또는 생득적인 것임과 동시에 보편적인 것임을 알 수 있다. 이러한 인이 고매하고 멀리 있는 것처럼 여겨지는 까닭은 그것을 내버려두고 구하지 않기 때문이므로, 생각을 바꿔 구하기만 하면 그것은 곧 마음속에서 찾아볼 수 있다. 그러니 인을 멀다고 할 수는 없다는 것이 계속되는 주자의 풀이다. 결국 공자의 언급을 현대적인 표현으로 옮기면 인은 타고난 마음속에 잠재되어 있는 것이므로, 의도적으로 찾아보고자 하면 그것은 곧 의식의 표면 위로 분명하게 떠오른다는 말이 됨직하다.

공자가 말했다. "나는 아직까지 인을 좋아하는 이와 불인(不仁)을 미워하는 이를 보지 못했다. 인을 좋아하는 이에게는 더 이상 바랄 것이 없고, 불인을 미워하는 이도 인을 행하게 될 것이니 인하지 않은 것이 자기 몸에 달라붙지 못하게 하기 때문이다. 하루 동안이라도 자신의 힘을 인에 쓸 수 있는 사람이 있었는가? 나는 아직 인을 실천하는 데 힘이 모자란 사람을 보지 못했다. 어쩌면 있을지도 모르지만, 나는 아직 보지 못했다."

子曰, "我未見好仁者, 惡不仁者. 好仁者, 無以尙之; 惡不仁者, 其爲
자왈 아미견호인자 오불인자 호인자 무이상지 오불인자 기위

仁矣, 不使不仁者加乎其身. 有能一日用其力於仁矣乎? 我未見力不足
인의 불사불인자가호기신 유능일일용기력어인의호 아미견력부족

者. 蓋有之矣, 我未之見也."
자 개유지의 아미지견야

〈이인〉

인은 먼 곳에 있지 않고 자신의 마음속에 이미 갖추어져 있는 것이기 때문에 반성하는 생각을 갖고 힘을 쏟는다면 곧 찾을 수 있다. 무슨 대단히 힘든 육체노동도 아니고 다만 반성하는 생각을 하는 데 힘이 모자라서 못하는 사람이 과연 있을까? 정신에 병이 들었거나 뇌성마비를 앓고 있는 이가 아닌 한 그런 능력이 없는 사람은 없다. 그럼에도 불구하고 우리는 어떤가?

공자가 말했다. "사람들이 인을 멀리하는 것이 물과 불을 대하는 것보다 더 심하다. 물이나 불 속에 빠져 죽은 사람은 본 적이 있지만, 인을 행하다 죽은 사람은 여태껏 보지 못했는데도 말이다."

子曰, "民之於仁也, 甚於水火. 水火, 吾見蹈而死者矣, 未見蹈仁而死
자왈 민지어인야 심어수화 수화 오견도이사자의 미견도인이사

者也."
자야

〈위령공(衛靈公)〉

물과 불을 가까이 하다가는 자칫 죽는 수도 있으므로 조심하고 멀리하는 것이 당연하다. 그런데 인을 행하다 죽은 사람은 여태껏 없었는데, 우리들이 그것을 물과 불보다 더 멀리하는 까닭은 무엇일까? 그것은 인을 행하면 일신의 욕심을 채울 수 없다고 생각하기 때문이다. 도덕군자같이 살았다가는 각박한 세상에서 바라는 바를 누리기는커녕 입에 풀칠하기조차 힘들다고 생각하기에 애써 외면하고자 하는 것이다. 다시 말해 사리사욕과 이기심 때문에 본래 마음속에 자리 잡고 있던 인이 빛을 발하지 못하고, 결국은 어디에 있는지도 모르는 지경이 되어 버리는 것이다.

안연이 인에 대해 물었다.

공자가 대답했다. "자기를 극복해서 예로 돌아가는 것이 인이다. 어느 날 자기를 극복해서 예로 돌아가면 천하의 모든 이들도 그 인에 귀의하게 될 것이다. 인을 행하는 것은 자기에게 달려 있는 것이지 남에게 달려 있는 것이겠느냐?"

안연이 말했다. "그 구체적인 내용을 여쭈고자 합니다."

공자가 말했다. "예가 아니면 보지 말고, 예가 아니면 듣지 말고, 예가 아니면 말하지 말며, 예가 아니면 움직이지 말라."

안연이 말했다. "제가 비록 불민하기는 하지만 모쪼록 그 말씀을 받들어 행하겠습니다."

顔淵問仁.
안연문인

子曰, "克己復禮爲仁. 一日克己復禮, 天下歸仁焉. 爲仁由己, 而由人
자왈 극기복례위인 일일극기복례 천하귀인언 위인유기 이유인

乎哉?"
호재

顔淵曰, "請問其目."
안연왈 청문기목

子曰, "非禮勿視, 非禮勿聽, 非禮勿言, 非禮勿動."
자왈 비례물시 비례물청 비례물언 비례물동

顔淵曰, "回雖不敏, 請事斯語矣."
안연왈 회수불민 청사사어의

〈안연〉

이 구절은 인에 대해 말할 때 가장 자주 그리고 보편적으로 등장하는 내용이다. 여기서 자기를 극복한다는 것은 일신의 편안함과 만족만을 추구하는 사리사욕과 이기심을 없애고, 스스로를 절제함을 뜻한다는 것이 주자를 비롯한 많은 학자들의 통설이다. 그러면 예로 돌아간다는 것은 무슨 의미일까? 안연도 이 내용이 궁금해서 구체적인 내용을 물었을 것이다. 그러자 공자는 예를 따라 보고 듣고 말하고 움직이면, 즉 예를 따라 일상생활을 하면 곧 인을 이루게 된다고 대답한다.

이제 우리는 사리사욕과 이기심이 인의 가장 큰 적이라는 사실을 분명히 알게 되었으나 한편으로 예란 무엇인지를 규명해야 하는 필

요성에 직면하게 되었다. 그 작업에 들어가기 전 마지막으로 인에 관해서 알아 두어야 할 것이 한 가지 남아 있다.

공자가 말했다. "안연은 그 마음이 석 달 동안 인을 떠나지 않았으나 나머지 제자들은 기껏해야 하루나 한 달 동안 인의 경지에 이를 뿐이었다."

子曰, "回也, 其心三月不違仁, 其餘則日月至焉而已矣."
자왈 회야 기심삼월불위인 기여즉일월지언이이의

〈옹야〉

여기서 석 달은 오랜 시간을, 하루나 한 달은 짧은 시간을 빗대는 말이다. 앞서 보았듯이 우리의 마음속에 인이 깃들어 있다는 사실을 자각하는 것은 그다지 어렵지 않다. 이기심에 찌든 범부(凡夫)라 해도 어떤 계기를 만나면 일시적으로나마 인을 회복하기도 한다. 대형 참사가 터지거나 연말연시를 맞아 이재민이나 불우 이웃 돕기 행사를 할 때면 봇물 터지듯 밀려드는 온정이, 그때만 지나면 자취를 감추고 마는 모습을 쉽게 볼 수 있지 않는가? 그러니까 성인 또는 현자와 범부의 차이는 인의 자각 여부에 달려 있는 것이 아니라 그것의 지속 여부에 달려 있는 셈이다. 다시 말해 인을 계속해서 지킬 수 있느냐 없느냐 하는 것이 성현과 범부를 나누는 분수령이다. 공문십철 가운데 안연을 제외하고는 인하다는 평가를 받은 제자가 거의 없고, 있다 해도 보다시피 일시적이라는 조건이 붙어 있는 것을 보면 인을 지속적으로 지켜 나가는 것이 가장 어렵고도 가장 중요한 일임을 알 수 있다.

이렇게 공자 사상의 핵심은 인을 비롯한 여러 덕목을 실천하는 데 그 주안점이 있다. 실천하지 않으면 그것은 덕이 될 수 없다는 것이다. 때문에 이 책의 후반부에서 읽게 될 《논어》의 다양하고도 세세한 실천론 역시, 바로 인을 지속적으로 지켜 나가기 위해서 어떻게 해야 하는가라는 방법론의 제시라 할 수 있다.

2. 예(禮)

'예'라는 말을 들으면 곧 고리타분하고 쓸데없이 번거롭기만 한 '허례허식(虛禮虛飾)'이라는 부정적인 이미지를 떠올리는 사람이 적지 않을 것이다. 설령 그 정도는 아니라 해도 예를 원활한 대인 관계를 위해서 될 수 있는 한 지키는 게 좋은 '예절(etiquette)' 이상의 것으로 여기고 있는 이는 찾아보기 드물다. 그렇기에 예를 굳이 지키지 않는다 해도 사단 날 일이 아닌 한낱 소소한 문제로 치부해 버리는 것이다. 한데 공자는 인으로 돌아가기 위해 될 수 있는 대로가 아니라 반드시 지켜야 하는 것이 예라는 점을 강조했다. 공자가 말하는 예와 우리가 흔히 생각하는 예 사이에는 많은 차이점이 있기 때문일까? 이제 공자의 말을 통해 그 차이점을 곰곰이 따져 보도록 하자.

예의 내용은 인이다

공자가 말했다. "예라 예라 하지만, 그것이 옥과 비단을 이르는 것이겠느냐? 음악이라 음악이라 하지만, 그것이 종과 북을 이르는 것이겠느냐?"

子曰, "禮云禮云, 玉帛云乎哉? 樂云樂云, 鐘鼓云乎哉?"
자왈 예운예운 옥백운호재 악운악운 종고운호재

〈양화〉

먼저 예라는 말은 제사를 지낼 때 쓰는 그릇을 뜻하는 '풍(豊)'에서 비롯된 것이라고 한다. 단순히 제기(祭器)를 가리켰던 말이 발전하고 변화해서 제사를 지내는 사람이 지켜야 할 행위 등을 나타내는 예라는 글자로 바뀐 것이다. 그리고 예는 점차 제사라는 특수한 영역을 넘어 마침내 사회생활 전반에 걸친 규례와 규범, 위계질서 그리고 문물제도 전반을 가리키는 포괄적인 의미를 띠게 되었다. 다시 말해 옛날 중국에서는 예라는 말이 적용되지 않는 분야를 찾아보기 힘들 정도였다.

그래서 공자 당대의 사람들도 그 말을 흔히 쓰곤 했는데, 아무래도 공자가 보기에는 무엇인가 석연치 않은 점이 있었던 모양이다. 갈수록 예에 담긴 본래의 정신, 곧 본질이나 내용은 잊혀지고 그 형식적인 측면인 의식이나 의례만이 부각되고 있었기 때문이다. 이에 공자는 당시의 대표적인 예물인 옥과 비단을 예로 들면서 형식적인 측면이 잘 갖추어졌다고 해도 과연 그것이 참다운 예라 할 수 있겠는가 하고 되물었던 것이다.

가령 수업이 시작되기 전 선생님에게 꾸벅하고 기계적으로 인사하는 것만으로 참다운 예를 다했다고 하기에는 무언가 부족해 보인다. 그렇다. 선생님을 공경하고 감사하는 마음을 품지 않고 있다면 설령 겉보기에 일정한 의례를 잘 따랐다고 해도 진정한 예라고 부를 수는 없는 법이다. 공자가 주목한 것은 바로 그러한 점이었다. 서로를 공경하고 아끼는 마음 없이 주고받는 옥과 비단, 즉 예물과 의례만으로는 진정한 예가 성립될 수 없다는 것이다. 그렇게 되려면 겉으로 드러난 형식에 걸맞은 내용이 있어야 하는 법이다. 그것은 음악의 경우도 마찬가지다. 제아무리 종과 북이 널려 있다고 해도 연주자가 아무 생각 없이 무조건 두들기는 한, 절대로 음악다운 음악은 성립되지 않는다. 어떤 연주가 제대로 된 하나의 음악이 되려면 반드시 표현하고자 하는 내용이 있어야 한다. 그렇다면 공자는 무엇이 예의 내용이 되어야 한다고 생각했을까?

공자가 말했다. "사람이 인하지 못하면 예가 있은들 무엇하고, 사람이 인하지 못하면 음악이 있은들 무엇하랴?"

子曰, "人而不仁, 如禮何? 人而不仁, 如樂何?"
자왈 인이불인 여례하 인이불인 여악하

〈팔일(八佾)〉

역시나 기대에 어긋나지 않게 공자는 예의 내용은 인이 되어야 한다고 말한다. 이미 앞서 살펴보았듯 인은 사람이 마땅히 갖추고 있어야 하는 바람직한 인격의 전부이자, 한마디로 진실한 사랑의 마음이기 때문이다. 그것을 갖추지 못하면 설령 옥과 비단을 선물하는 등 예의 형식적인 측면을 잘 행한다고 해도 온전한 의미의 예라고는 할 수 없을 것이다. 따라서 공자는 그런 식으로 예를 행하는 것은 아무런 의미도 없다고 보았다. 더 나아가 이런 식의 행동은 스스로를 속이고 남을 속이는 몹쓸 짓이 되고 만다.

가령 옛날에는 남편이 죽으면 아내는 결코 재가(再嫁)하지 않는 것이 예였다. 한데 당시 동이족(東夷族, 동쪽의 오랑캐라는 뜻으로 중국 중심의 시선에서 동북 지역을 일컫던 말)의 어느 여인은, 공식적으로 다시 결혼하지는 않았지만 남편이 죽자 남몰래 다른 남자를 만나 부부처럼 지내고 있었다고 한다. 이 여인의 겉보기 행동은 예에 부합되는 것이었지만, 그 내용을 보면 아무런 의미도 없는 것을 넘어 스스로를 속이고 남을 기만했다고 할 수밖에 없다. 음악의 경우도 마찬가지다. 적어도 공자의 입장에서 볼 때 음악은 단순히 음의 조화로만 이루어지는 것이 아니라 인을 표현하고 촉발하는 것이어야 했다. 따라서 인의 정신이 결여되어 있다면 여러 음이 아무리 조화를 이룬다고 해도 공자의 귀에는 아름다운 음악이 아니라 다만 무의미한 잡음으로 들릴 수밖에 없었다.

이처럼 예의 내용이 인이어야 한다는 것에 굳이 반론을 제기할 사람은 없을 것이다. 그러나 이렇게만 말하고 지나가면 추상적이고도 막연한 느낌을 지울 수 없는데, 그것은 비단 오늘날의 우리에게만 해당되는 이야기는 아니었나 보다.

> 임방이 예의 근본을 물었다.
>
> 공자가 대답했다. "크도다, 그 질문이여! 예는 사치스럽기보다는 차라리 검소한 것이 낫고, 상은 겉보기에 잘 치르는 것보다 차라리 정말로 슬퍼하는 것이 낫다."

> 林放問禮之本.
> 임방문례지본
>
> 子曰, "大哉問! 禮, 與其奢也, 寧儉. 喪, 與其易也, 寧戚."
> 자왈 대재문 예 여기사야 영검 상 여기이야 영척
>
> 〈팔일〉

노 나라 사람인 임방은 공자가 예라는 말을 상당히 까다롭게 다루는 모습을 보고 도대체 예의 본질이 무엇이냐고 물었는데, 공자의 대답에서도 한눈에 알 수 있듯, 그가 원하는 설명은 추상적이고 이론적인 차원의 것이 아니라 구체적이고 실천적인 차원의 것이었다. 공자는 임방의 의도를 곧 간파하고, 그 물음이 참으로 적절하고도 중요하다 칭찬했다. 그리고는 이어서 예의 겉보기, 즉 형식은 사치스럽기보다는 검소한 것이 낫다고 말한다. 형식이 사치스럽고 번잡하다면 어느덧 내용이 잊혀지기 쉽고, 사치스럽다는 것 자체도 어떤 내용의 자연스러운 발로가 아니라 무리한 표현, 즉 어떤 의미에서는 위선이라고 할 수 있기 때문이다.

계속해서 공자는 옛날에는 상례(喪禮)가 예의 대표 격이었기에 그것을 예로 들면서, 겉보기에 성대하게 장사를 지내기보다는 슬퍼하는 것, 즉 진심으로 죽은 사람을 애도하는 것이 낫다고 말했다. 공자의 대답은 다시 다음과 같이 정리해 볼 수 있다. 예의 본질, 즉 내용은 인인데, 구체적으로 상례의 경우에는 그 가운데서도 진심으로 애도하는 마음이고, 그것을 표현하는 형식에 무리하게 치중해서는 안 된다는 것이다. 즉 생일잔치에 초대받았을 때는 무엇보다 진심으로 기뻐하고 축하해 주는 마음으로 자기의 형편에 알맞은 선물을 준비하는 것이 참으로 예에 걸맞은 행동이라 할 수 있다.

예의 형식은 절도 있는 행동이다

공자가 말했다. "공손하되 예가 없으면 힘만 들고, 신중하되 예가 없으면 두렵기만 하고, 용맹하되 예가 없으면 난을 일으키고, 정직하되 예가 없으면 각박하게 된다."

子曰, "恭而無禮則勞, 愼而無禮則葸, 勇而無禮則亂, 直而無禮則絞."
자왈　공이무례즉로　신이무례즉사　용이무례즉란　직이무례즉교

〈태백(泰伯)〉

공손과 신중, 그리고 용맹과 정직은 모두 인을 이루는 구성 요소라고 할 수 있는 좋은 덕목들이다. 그런데 아무리 좋은 내용들도 그것이 바깥으로 드러날 때, 즉 구체적인 행동으로 표현될 때 절제가 없으면 부작용이 일어난다고 공자는 지적하고 있다. 윗사람에게 공손한 것은 옳은 일이지만, 한없이 공손하기만 해서는 자기가 굳이 나서서 할 필요가 없거나 해서는 안 되는 일도 떠맡게 되므로 공연히 힘만 들게 된다. 또한 한없이 신중하기만 하면 그 어떤 일도 실행에 옮길 수 없는 겁쟁이가 되고, 용맹하기만 하고 그것을 절제할 줄 모르면 급기야 질서를 어지럽히게 되며, 정직한 것만을 능사로 삼게 되면 정상을 참작하는 여유가 없어 남을 너그럽게 대할 수 없게 된다. 따라서 인이라고 하는 좋은 내용도 그에 걸맞은 절도 있는, 또는 절제

된 행동으로 표출될 때만 의미가 있다.

눈치 빠른 이들은 인이라는 예의 내용이 절제된 행동이라는 예의 형식으로 표출되려면 이 둘을 연결하는 상관관계의 고리가 필요하다는 생각을 할 것이다. 그렇다! 거기에는 반드시 예의 형식과 내용의 상관관계를 연결해 주는 심리적 기제(機制, 인간의 행동에 영향을 미치는 어떤 작용이나 원리)가 필요하다. 이것을 '의(義)'라고 부르는데 그것에 관해서는 일단 예에 관해서 전반적인 설명을 마친 뒤 그 다음 항목에서 상세하게 다룰 것이다.

여기서는 공자가 말하는 예, 즉 예의 형식은 단순한 의례 또는 의식에 그치는 것이 아니라 한걸음 더 나아간 절도 있는 행동을 의미한다는 점만 잊지 말기로 하자.

공자가 말했다. "학식이 관직의 자리에 오르게 하더라도 인으로 그것을 지켜 내지 못하면 비록 얻었다 해도 반드시 잃고 말 것이다. 학식이 그 자리에 오르게 하고 인으로 그것을 지켜 낼 수 있다 해도 위엄 있는 태도로 임하지 않으면 백성들이 존경하지 않을 것이다. 학식이 그 자리에 오르게 하고 인으로 능히 그것을 지켜 내며 위엄 있는 태도로 임한다 해도 백성들을 예로써 움직이지 않는다면 아직 잘 된 것은 아니다."

子曰, "知及之, 仁不能守之, 雖得之, 必失之. 知及之, 仁能守之, 不莊
자왈 지급지 인불능수지 수득지 필실지 지급지 인능수지 부장

以涖之, 則民不敬. 知及之, 仁能守之, 莊以涖之, 動之不以禮, 未善也."
이리지 즉민불경 지급지 인능수지 장이리지 동지불이례 미선야

〈위령공〉

이것은 유가의 이상적인 인격을 갖춘 군자가 정치에 임하는 방법을 언급한 대목인데, 지금 눈여겨보아야 할 것은 결론 부분이다. 높은 지위에 오를 만한 지식을 갖추고, 인한 마음으로 그 자리를 지키며 위엄 있는 태도로 집무를 한다고 해도, 백성들을 다스림에 절도 있는 또는 절제된 행동 양식을 취하지 않으면, 다시 말해 강요나 강제하는 모습을 보인다면 반드시 백성들의 저항을 불러일으키게 된다. 그러니까 아무리 좋은 내용을 가지고 있더라도 그에 걸맞은 형식을 통하지 않으면 본래의 내용이 의도하는 바와 전혀 다른 결과를 초래하게 되므로 그 또한 미숙하다고 할 수 있다는 말이다.

공자가 말했다. "군자가 널리 글을 배워 예로 그것을 절제하면 정도에 어긋나는 일도 없을 것이다."

子曰, "君子博學於文, 約之以禮, 亦可以弗畔矣夫!"
자왈 군자박학어문 약지이례 역가이불반의부

〈옹야〉

아무리 배운 게 많다 해도 절도 있는 행동을 통해 그것을 표현하지 않고, 시도 때도 없이 나서서 떡 놔라 감 놔라 하기를 좋아한다면 뭇 사람들의 손가락질을 받게 마련이다. 실제로 그래도 무방할 방대한 지식을 갖추었다 해도 경거망동하게 되면 그 내용마저 의심받는 일이 생길 수 있는 것이다. 따라서 군자는 그 아는 바를 표출할 때 역시 그에 걸맞은 절도 있는 행동을 따른다. 여기 좋은 예가 하나 있다.

공자가 태묘에 들어가서 매사를 낱낱이 물었다.

이에 어떤 이가 말했다. "누가 추인의 아들이 예를 안다고 했던가? 태묘에 들어가서는 매사를 묻는데도 말이다."

이 이야기를 전해 들은 공자가 말했다. "그렇게 하는 것이 바로 예다."

子入大廟, 每事問,
자입태묘 매사문

或曰, "孰謂鄹人之子知禮乎? 入大廟, 每事問."
혹왈 숙위추인지자지례호 입태묘 매사문

子聞之曰, "是禮也."
자문지왈 시례야

〈팔일〉

태묘는 노 나라를 봉토(封土)로 받은 주 나라 무왕의 동생 주공 단을 모신 사당이다. 공자는 그곳에 가서 참배를 할 때 사당을 지키는 사람들에게 매사를 꼬치꼬치 묻고 확인했다. 그러자 어떤 이가 예를 잘 안다고 하는 공자가 사실은 예를 하나도 모른다고 비아냥거리며, 공구라는 이름마저 쓰지 않고 공자가 태어난 동네이자 그 아버지가 살았던 추읍(鄹邑) 사람의 자식 운운하면서 손가락질을 했다. 그러나 여러 나라에서 자문을 구하는 사신들의 왕래가 끊이지 않을 정도로 당대의 만물박사로 알려진 공자가 태묘에서 지켜야 하는 예법을 몰랐을 리 없지 않은가. 그럼에도 불구하고 공자가 그 절차를 전혀 모르는 것처럼 담당자들에게 하나하나 물으며 행한 것은 그들의 직분이 무시당하는 느낌이 들지 않도록 하기 위함인 일종의 세심한 배려였던 것이다.

여러분이 만일 박물관의 안내인이라고 해 보자. 한데 어떤 이가 아는 것이 좀 있다 해서 여러분의 설명마다 가로채며 잘난 체한다면 여러분은 어떤 느낌이 들겠는가? 공자는 그 점을 잘 알고 있었기에, 아무것도 모르는 사람처럼 겸손하게 행동했고, 그것이야말로 도리어 태묘에서 갖추어야 할 절제된 행동, 즉 참다운 예의 형식이었던 것이다.

노 나라 시조 주공의 상(像)

무왕을 도와 주 왕조를 창건하는 데 혁혁한 공을 세웠으며, 공자를 포함한 후대에게 크게 존경받는 인물이다. 중국 곡부 시내 주공묘 안 원성전(元聖殿)에 위치.

예의 내용과 형식의 상관관계

자하가 물었다. "'어여쁘게 웃는 웃음에 보조개 아름답고, 아름다운 눈에 초롱초롱한 눈동자여, 흰 바탕에 채색을 한 듯하구나.' 했으니, 무엇을 말한 것입니까?"

공자가 대답했다. "그림 그리는 일은 흰 바탕이 마련된 뒤에 한다는 말이다."

자하가 말했다. "예는 나중에 하는 것이군요?"

공자가 말했다. "나를 일깨워 주는 이는 자하로다! 비로소 자하와 더불어 시를 논할 수 있게 되었구나."

子夏問曰, "'巧笑倩兮, 美目盼兮, 素以爲絢兮.' 何謂也?"
자하문왈 교소천혜 미목반혜 소이위현혜 하위야

子曰, "繪事後素."
자왈 회사후소

曰, "禮後乎?"
왈 예후호

子曰, "起予者商也! 始可與言詩已矣."
자왈 기여자상야 시가여언시이의

〈팔일〉

앞의 논의를 통해 우리는 예가 내용과 형식이라는 두 가지 측면을 가지고 있다는 사실을 알게 되었는데, 이 글에서 흰 바탕은 예의 내용 그리고 채색은 그 형식을 상징하고 있다. 아름다운 그림을 그리자면 무엇보다 먼저 깨끗하고 흰 바탕을 준비해야 한다. 바탕이 더럽거나 이미 다른 색깔에 물들어 있다면 정성껏 채색을 한다 해도 의도한 효과를 기대할 수 없기 때문이다. 마찬가지로 예 역시 그 내용이 미리 확립되어 있지 않으면 형식적인 측면을 열심히 그리고 정성껏 행한다 해도 결코 상대방을 감동시킬 수 없다. 다시 말해 내용이 반드시 형식에 앞서 준비되어야 한다. 그러한 의미에서 자하는 예는 나중에 하는 것이라고 말했던 것이고, 이때의 예는 내용과 형식을 아울러 일컫는 넓은 혹은 온전한 의미의 예가 아니라, 형식을 가리키는 좁은 또는 부분적인 의미로 사용되었다.

이처럼 《논어》에는 똑같은 단어가 지시하는 의미가 약간씩 달라지는 일이 많다. 그래서 단어의 의미는 문맥 또는 상황에 달려 있다는 사실을 늘 염두에 두어야 오해 내지 오독을 피할 수 있다. 그리고 공자가 자하를 칭찬했던 까닭은, 그 시를 익히 알고 있었음에도 불구하고 자하의 말을 듣고 나서야 비로소 그 시에서 예의 내용과 형식의 선후 관계에 대한 암시를 찾아낼 수 있었기 때문이다. 여기서 한 가지 주의할 점은 그 관계는 어디까지나 시간상의 선후 개념일 뿐 전자가 후자에 비해 더 중요하다는 뜻은 아니라는 것이다. 그러나 고금을 막론하고 대부분의 사람들은 내용이 형식보다 중요하다는 일종의 편견을 쉽사리 떨치지 못하는 것 같다.

극자성이 말했다. "군자는 본바탕을 중시할 따름이니 꾸밈은 해서 무엇합니까?"

자공이 말했다. "애석하군요, 선생이 군자에 대해서 말하는 것이! 네 필의 말이 끄는 마차로도 이미 내뱉은 말을 따라 잡지 못하는 법입니다. 꾸밈의 중요성은 본바탕과 같고, 본바탕의 중요성은 꾸밈과 같습니다. 호랑이나 표범의 가죽도 털을 모두 뽑아 버리고 나면 개나 양의 털 뽑은 가죽과 구별되지 않습니다."

棘子成曰, "君子質而已矣, 何以文爲?"
극자성왈 군자질이이의 하이문위

子貢曰, "惜乎! 夫子之說, 君子也. 駟不及舌. 文猶質也, 質猶文也. 虎豹之鞟猶犬羊之鞟."
자공왈 석호 부자지설 군자야 사불급설 문유질야 질유문야 호표지곽유견양지곽

〈안연〉

위 나라의 대부였던 극자성은 오늘날 우리들 같은 실용적 입장을 대변하는 듯하다. 본바탕, 즉 내용만 좋으면 되었지 꾸밈, 곧 형식은 아무려면 어떠냐, 형식은 부차적인 것이니 굳이 중요시할 필요가 있느냐는 소리다. 그러나 자공은 그렇게 생각하지 않았다. 왜? 예를 들어 우리가 이웃집 할아버지를 마음속으로는 무척 존경하는데, 만날 때마다 공손히 인사를 드리거나 따뜻한 말로 안부를 묻는 대신, 왠지

어렵다는 생각에 피하기 급급한 태도를 취한다면 그 할아버지는 분명히 우리를 아주 버릇없는 녀석으로 여기고 말 것이 틀림없다. 속마음은 그렇지 않음에도 그것을 담아내는 데 적당한 형식을 갖추지 못해 도리어 엉뚱한 오해를 사게 되는 것이다. 그래서 자공은 내용과 형식은 그 중요성으로 따지자면 똑같다, 즉 경중을 가릴 수 없다고 말했던 것이다.

사람들이 호랑이나 표범의 가죽을 귀하게 여기는 것은 겉으로 드러나는 그 털의 무늬가 아름답기 때문이다. 그런데 만일 털을 모두 뽑아 버리면 전문가가 아닌 이상 어찌 한눈에 그것이 개나 양의 가죽과 다르다는 것을 구분할 수 있겠는가? 이로써 우리는 형식과 내용이 불가분의 관계에 있음을 알 수 있다. 다시 말해 어떤 내용은 그에 적절한 형식이 갖추어질 때 비로소 온전하게 표현 또는 전달될 수 있는 것이다. 바로 이러한 맥락에서 형식이 내용 못지않게 중요함을 알 수 있다.

자공이 매달 초하루에 태묘에서 고하는 의식[곡삭(告朔)]에 바치는 양을 없애려고 했다.

그러자 공자가 말했다. "자공아, 너는 그 양을 아끼느냐? 나는 그 예를 아낀다."

子貢欲去告朔之餼羊.
자공욕거곡삭지희양

子曰, "賜也, 爾愛其羊, 我愛其禮."
자왈 사야 이애기양 아애기례

〈팔일〉

주자에 따르면 곡삭의 예는, 옛날에 천자(天子, 중국 왕조 시대의 주권자를 가리키는 말로서 여기서는 주 나라 왕을 지칭)가 이듬해에 쓸 달력을 제후들에게 배포하면 제후들은 그것을 받아서 조상을 모신 사당에 보관했다가, 매월 초하루 때 양 한 마리를 희생으로 삼아 새로운 달이 시작되었음을 고하던 의식이었다고 한다.

그런데 노 나라에서는 제19대 임금인 문공(文公) 때부터 초하루를 고하는 의식을 거행하지는 않았지만, 양을 잡아서 희생으로 바치는 일만큼은 전례를 따라 계속 이루어져 왔다. 이에 자공은 이미 유명무실하게 된 곡삭이라는 의식 때문에 계속해서 양을 잡는 일은 낭비라고 생각하여 그 일 역시 폐지하고자 했다. 의식의 본질, 즉 내용이 사라져 버린 이상 형식을 유지하는 것은 무의미하다고 생각했던 것이다. 그러나 공자의 생각은 달랐다. 곡삭의 형식, 즉 양을 잡아서 바치는 일마저 폐지한다면 곡삭의 본래 의미, 곧 그 내용을 되살릴 길이 완전히 끊겨 버리고 말 것이라는 생각에서 그는 이를 반대했던 것이다.

우리의 일상생활에서 비슷한 예를 한번 찾아보자. 해마다 추석이 되면 대부분의 사람들은 갖가지 음식을 정성껏 마련해 조상들이 모셔져 있는 산소를 찾는다. 땀을 뻘뻘 흘리며 산길을 걸어 올라가, 여러 식구가 일손을 거들어 장만한 음식을 묘소 앞에 차리는 일은, 조상들이 살아 계실 때 우리에게 베푼 은혜와 노고를 되새겨 보고 감사하는 마음을 표현하기 위함이다. 그런데 이미 죽은 조상들이 음식을 먹을 리 만무하므로 쓸데없이 음식을 낭비하느니 차라리 그런 형식을 폐지하는 것이 옳다고 생각하는 사람들도 있을 것이다. 물론 꼭 그렇게 음식을 준비해 차려야만 그 은혜와 노고를 되새겨 볼 수 있는 것은 아니다. 그러나 그 형식마저 폐지해 버린다면 아무래도 은혜와 노고를 기리는 마음이 점차 희박해질 것이다. 간단하고 편한 것만 추구하다 보면 살아 계신 부모님을 모시는 것조차 귀찮은 일이 될 것임은 불을 보듯 빤한데, 이미 돌아가신 조상님들에게 특별한 마음을 가지기란 만무한 법이다. 그래서 오늘날 여전히 수많은 사람들이 음식을 장만해서 산소를 찾아가고 있고, 그것이 바로 공자의 생각과 다를 바 없는 행위다. 즉 형식은 자칫하면 잊기 쉬운 또는 이미 잊은 내용을 상기시키는 일종의 고리인 셈이다. 이것이 형식의 또 다른 중요성이다.

공자가 말했다. "본바탕이 꾸밈보다 뛰어나면 야인(野人)처럼 촌스럽고, 꾸밈이 본바탕보다 뛰어나면 문장만 그럴듯하게 써 대는 서기(書記)와 같다. 본바탕과 꾸밈이 적절히 조화를 이룬 뒤에야 군자라고 할 수 있다."

子曰, "質勝文則野, 文勝質則史. 文質彬彬, 然後君子."
자왈 질승문즉야 문승질즉사 문질빈빈 연후군자

〈옹야〉

자로가 성인(成人)에 대해서 물었다.

공자가 대답했다. "만일 장무중의 지혜와 공작의 무욕, 그리고 변장자의 용기와 염유의 재주를 갖추고, 그것을 예와 악으로 꾸민다면 이 또한 성인이라 할 수 있을 것이다."

子路問成人.
자로문성인

子曰, "若臧武仲之知, 公綽之不欲, 卞莊子之勇, 冉求之藝, 文之以禮樂, 亦可以爲成人矣."
자왈 약장무중지지 공작지불욕 변장자지용 염구지예 문지이례악 역가이위성인의

〈헌문〉

공자가 말했다. "천명을 모르면 군자가 될 수 없고, 예를 모르면 세상에 나설 수 없으며, 다른 이의 말을 잘 간파하지 못하면 그 사람을 알 수 없다."

子曰, "不知命, 無以爲君子也. 不知禮, 無以立也. 不知言, 無以知
자왈 부지명 무이위군자야 부지례 무이립야 부지언 무이지

人也."
인야

〈요왈(堯曰)〉

위의 성인은 우리가 흔히 말하는 단순한 의미의 어른, 혹은 이상적인 인격체를 말하는 성인(聖人)과는 달리 인격이 완성된 어른을 의미하는데, 이는 군자와 비슷한 말이라고 볼 수 있다. 장무중이나 공작, 변장자는 공자와 동시대 또는 앞선 시대의 노 나라 대부였던 사람들이고, 염유는 공문십철의 한 사람이다. 이들은 각기 지혜와 무욕, 용기와 재주 등의 덕목을 갖춘 대표적 인물들로서, 공자는 이들의 덕목에 예와 악과 같은 형식이 겸비된다면 성인이라 할 만하다고 했다.

서양의 대철학자인 칸트는 "내용 없는 형식은 공허하고, 형식 없는 내용은 맹목적이다."라고 말했다. 내용 없는 형식은 무의미하고, 형식 없는 내용은 도대체 무엇을 위한 것인지 알 수 없다는 뜻이다. 이 말은 지금까지 우리가 살펴본 예의 내용과 형식의 관계를 한마디로 잘 드러내 준다고 할 수 있다. 그러니까 결국 형식은 내용을 갖출 때 의미 있는 것이 되고, 내용은 형식을 갖출 때 비로소 그 목적이 분명해진다는 것이다. 칸트는 아주 추상적인 표현으로 말하고 있지만, 공자는 구체적인 표현을 사용한다. 내용을 표현하는 형식이 내용에 걸

맞지 않으면 그 행동은 아주 투박하고 거칠게 보이며, 형식에 내용이 걸맞지 않으면 그 행동은 실질적인 효과를 얻지 못한다는 것이다. 그러므로 군자는 내용과 형식 어느 한쪽에 치우치는 일 없이 둘 다를 겸비해야 한다. 그리고 그렇게 내용과 형식을 겸비할 때 완전한 인격을 갖춘 자인 성인, 요즘 말로 전인이 된다. 마지막 문장은 그렇게 내용과 형식을 모두 갖춘 예를 알고 있어야만 비로소 사회생활을 원만히 영위해 나갈 수 있다는 뜻이다.

마지막으로 앞서 곡삭 같은 형식의 보존을 주장한 공자를 두고, 그는 고리타분한 보수주의자였다고 여길 사람이 있을지도 모르겠다. 그러나 다음에 나오는 이야기를 들어보면 이는 성급한 추측이었다는 생각을 갖게 될 것이다.

공자가 말했다. "삼실(삼 껍질에서 뽑아낸 실)로 만든 관을 쓰는 것이 예에 맞지만, 지금은 명주실(누에고치에서 뽑은 가늘고 고운 실)로 만든 관을 쓰고 있으니 그것은 검소한 것이다. 이 점은 나도 여러 사람을 따르겠다. 신하가 군주에게 당 아래에서 절하는 것이 예에 맞지만, 요즘은 당상으로 올라가서 절을 하니 그것은 교만한 것이다. 설사 여러 사람들과 어긋난다 하더라도 나는 당 아래에서 절하는 것을 따르겠다."

子曰, “麻冕, 禮也; 今也純, 儉. 吾從衆. 拜下, 禮也; 今拜乎上, 泰也. 雖違衆, 吾從下.”
자왈 마면 예야 금야순 검 오종중 배하 예야 금배호상 태야 수위중 오종하

〈자한(子罕)〉

옛날의 남자들이 반드시 관을 썼던 것은 오늘날 우리가 공적인 자리에 나가거나 그러한 활동을 할 때 주로 정장 차림을 하는 것과 같은 맥락이라고 생각하면 된다. 관을 쓰지 않은 채 사람을 만난다는 것은 공적인 자리에 슬리퍼를 신은 채 청바지를 입고 나가는 것처럼 무례한 일이었다. 이렇게 관은 반드시 써야 하는 것이었지만, 삼실로 관을 만들려면 수천 가닥의 날실이 필요한 까닭에 품이 많이 들고 비쌌으므로, 그것은 어느 면에서는 인력의 낭비라고 할 수 있었다. 그에 비해 명주실을 사용하면 품이 적게 들고 싸니 검소한 것이라고 할 수 있었다.

공자는 삼실로 만든 관이 본래의 예법에 맞는 것이기는 하지만, 명주실로 만든 관도 관인 이상 그것을 쓴다 해도 예의 본질, 즉 내용에 위배될 것은 없다고 생각했다. 그래서 다른 사람들이 하는 대로 자기도 그렇게 하겠다고 말한 것이다. 다시 말해 예의 내용을 훼손하는 것이 아니라면 형식의 변화는 얼마든지 수용할 수 있다는 뜻이다. 여기서 우리는 공자가 고리타분한 보수주의자가 절대로 아니었음을 알 수 있다.

반대로 형식의 변화가 예의 내용에 위배된다면 결코 따를 수 없다는 것이 공자의 입장이다. 본래 신하가 당 아래서 군주에게 절하는 것은 공경심을 표현하기 위한 것이다. 그런데 그 당시 신하들이 당 위에 올라가서 절을 하게 된 것은 군주에 대한 공경심이 옅어지고 교만한 마음이 늘어났기 때문이라고 공자는 생각했다. 그러니까 이 경우는 내용의 훼손이 형식의 변화를 초래한 것이기에 공자는 시대의 흐름을 결코 따를 수 없다고 했던 것이다. 이러한 점에 한해서 공자는 타협을 모르는 원칙주의자였다. 결론적으로 공자의 눈으로 볼 때 예의 내용, 즉 지켜야 할 덕목은 변해서는 안 되는 것이지만 내용의 훼손이 없는 한 예의 형식은 바뀔 수 있는 것이었다.

3. 의(義)와 중용(中庸)

앞에서 예에 관한 논의를 하면서, 인이라는 예의 내용이 절도 있는 행동이라는 예의 형식으로 표출되기 직전에 어떤 심리적 기제가 작용하며, 그 둘의 관계를 이어주는 고리 역할을 한다는 것, 또 그것이 '의'라는 사실만 간략하게 지적하고 넘어간 적이 있다. 그렇다면 의라는 것은 도대체 무엇이기에 그런 역할을 한다는 것일까? 이제 공자의 여러 언급을 통해 왜 의가 그런 역할을 하는지 차근차근 살펴볼 차례가 되었다.

의의 의미

공자가 말했다. "거친 밥을 먹고 맹물이나 마시며 잘 때는 팔베개를 하고 산다 해도 즐거움이 있다. 불의로 얻은 부귀함은 내게 뜬구

름과 같다."

子曰, "飯疏食飮水, 曲肱而枕之, 樂亦在其中矣. 不義而富且貴, 於
자왈 반소사음수 곡굉이침지 낙역재기중의 불의이부차귀 어

我如浮雲."
아여부운

〈술이〉

가난하면서도 즐거울 수 있는 까닭은 마음이 편안하기 때문이다. 마음이 편안하려면 마음에 걸리는 일이 없어야 한다. 마음에 걸리는 일이란 나쁜 짓, 해서는 안 되는 일, 또는 마땅하지 못한 처사를 말하며 그것이 바로 위에서 나온 '불의'라는 말이 의미하고 있는 바다. 그리고 '의'는 그 반대의 의미를 갖고 있음은 두말 할 것도 없다. 가령 주가를 조작해서 큰돈을 번 사람이 있다고 해 보자. 기름진 밥을 먹고 질 좋은 차를 마시며 호화스러운 잠자리에 든다고 해도 그의 마음은 늘 초조하고 불안할 것이 틀림없다. 언제 그 사실이 발각되어 경찰에게 붙들려 갈지 모르기 때문이다. 이렇듯 마땅하지 못한 방법으로 얻은 부귀는 즐거움의 원천이기는커녕 커다란 괴로움을 초래하는 근본이므로 공자는 그것을 하늘에 떠다니는 구름처럼 무의미한 것으로 여긴다고 말했다. 가난하더라도 즐겁게 살 수 있는 길이 있는데, 구태여 부당한 짓을 통해 부귀를 얻음으로써 괴로움을 자초할 까닭

이 어디에 있단 말인가? 물론 부와 귀 그 자체가 나쁜 것은 아니므로 마땅한 처사를 통해, 다시 말해 의에 어긋나는 일 없이 그것을 얻어 마음은 물론 물질적인 차원에서도 편안하고 즐겁게 살아갈 수 있다면 더할 나위 없이 좋은 일이다.

공자가 말했다. "자기가 섬겨야 할 귀신이 아닌데도 제사를 지내는 것은 아첨이다. 의인 줄 알면서도 행하지 않음은 용기가 없는 것이다."

子曰, "非其鬼而祭之, 諂也. 見義不爲, 無勇也."
자왈 비기귀이제지 첨야 견의불위 무용야

〈위정(爲政)〉

여기서 귀신은 돌아가신 조상의 영혼, 즉 조상신을 말한다. 자기 조상의 영혼에 제사를 지내는 것은 당연한 일이지만, 바보가 아닌 이상 다른 사람의 주상신에게 제사를 지내는 것은 무엇인가를 얻고자 하는 욕심으로 아첨하는 행위다. 그것은 마치 자기가 마땅히 모셔야 하는 직속상관이 아님에도 불구하고 직분을 벗어나는 행동을 마다하지 않고 잘 보이려 함으로써, 다시 말해 아첨함으로써 부당한 이익을 얻고자 하는 짓이나 다름없다. 그것은 정당하지 못한 일, 즉 불의다. 이렇게 불의인줄 알면 반드시 행하지 말아야 하고 의인 줄 알면 마땅히 실천에 옮겨야 하는데, 이때 필요한 것 가운데 하나가 바로 용기라는 덕목이다. 예를 들어 한적한 거리에서 강도를 만난 사람을 우연히 보았다고 하자. 이 시점에서 마땅히 해야 할 일은, 신속히 경찰을 부르거나 소리를 질러 사람들을 불러 모으는 등 적절한 방법을 찾아 그 사람이 위기를 모면할 수 있도록 도와주는 것이다. 그런데 못 본 척하고 그냥 지나는 행위는, 자신이 피해를 입게 될지도 모른다는 두려움에서 비롯된 비겁한 짓이다. 이렇듯 용기가 없으면 의를 실천에 옮길 수 없기에 결국은 인 또한 이룰 수 없게 된다.

자로가 성인에 대해서 물었다.

공자가 대답했다. "……이익이 눈앞에 보이면 의를 생각하고, 위태로운 상황을 보면 목숨을 바치며, 오랫동안 곤궁하게 지낸다 해도 평소에 하던 말을 잊지 않는다면, 또한 성인이라고 할 수 있을 것이다."

子路問成人.
자로문성인

子曰, "……見利思義, 見危授命, 久要不忘平生之言, 亦可以爲成人矣."
자왈 견리사의 견위수명 구요불망평생지언 역가이위성인의

〈헌문〉

이 글은 앞에서 자로가 성인을 묻자 대답하던 내용에 이어 다시 공자가 부연설명한 대목이다. 눈앞에 이익이 보이면 먼저 그것이 과연 취해도 마땅한 것인가를 생각하고, 남이 위태로운 상황에 처한 모습을 보면 목숨까지 바칠 수 있을 정도로 성심성의껏 도와주고, 도모하는 일이 잘 안 풀려 곤란하게 살지라도 평소의 소신을 접지 않는다면 그 또한 완성된 인격을 갖춘 이라고 할 수 있다는 말이다.

공자가 말했다. "종일토록 여럿이 모여 지내면서 하는 말들이 의와는 거리가 있고 잔재주나 피우기를 좋아한다면, 곤란한 일이다."

子曰, "群居終日, 言不及義, 好行小慧, 難矣哉!"
자왈 군거종일 언불급의 호행소혜 난의재

〈위령공〉

하루 종일 함께 어울려 이야기를 나누면서도 마땅히 실천에 옮겨야 하는 올바른 도리는 언급하지 않고, 예를 들어 어떻게 하면 쉽게 돈을 벌 수 있을까 하고 잔머리를 굴리며, 요행수만 궁리하는 사람들은 훌륭한 인물이 될 가능성은 고사하고 장차 커다란 곤경을 자초하게 될 것이 틀림없다. 일확천금을 꿈꾸며 로또 당첨 비법에만 정신을 쏟고, 도박에서 이기는 재주에만 관심을 기울이는 사람들의 말로가 어떠한지를 생각해 보면 될 것이다.

이처럼 몇 개의 인용문을 통해 보았듯 의의 대표적인 의미는 '마땅함'이라고 할 수 있다. 이 마땅함은 문맥에 따라 정당, 합리, 그리고 올바른 도리라는 표현이 더 잘 어울리는 때도 있지만, 그 본질적인 의미에는 아무런 차이가 없다.

의의 역할

자로가 말했다. "군자는 용기를 숭상합니까?"

공자가 대답했다. "군자는 의를 으뜸으로 삼는다. 군자가 용기만 있고 의가 없으면 반란을 일으키고, 소인이 용기만 있고 의가 없으면 도둑질을 하게 된다."

子路曰, "君子尙勇乎?"
자로왈 군자상용호

子曰, "君子義以爲上. 君子有勇而無義爲亂, 小人有勇而無義爲盜."
자왈 군자의이위상 군자유용이무의위난 소인유용이무의위도

〈양화〉

자로는 용기라면 자타가 인정할 만큼 자신 있는 사람이었고, 그러한 사실을 무척 자랑스러워했다. 그는 공자의 평소 언급을 통해 용기가 인에 속하는 좋은 덕목임을 익히 알고 있었던 터라 다시 한번 이를 확인해 보고, 역시나 그렇다고 하면 남들 앞에서 우쭐거리며 뽐낼 심산이었다. 그 의도를 알아차린 공자는 자로의 허를 찔러 그 기대를 한순간에 무너뜨렸다. '의가 전제되지 않은 용기는 좋은 덕목이기는커녕 반란이나 도둑질이나 할 악덕이다!' 용기를 자로 자신의 좋은 덕목으로 만들려면 용기를 뽐내려 들지 말고 그것이 발휘되는 상황에 적합하고 마땅한 것이 되도록 해야 한다는 말이다.

가령 높은 지위에 있는 이, 즉 군자가 용기만 있고 의를 모른다면 나라가 위태로운 지경에 처할 때 목숨 바쳐 지키려 하기는커녕 도리어 자신의 권세욕을 채우기 위해 반란을 일으키는 일을 마다하지 않을 것이고, 낮은 지위에 있는 이, 즉 소인이라면 혼란스러운 정세를 이용해 남의 것을 서슴지 않고 빼앗으려 들 것이기 때문이다. 그러므로 의의 역할 또는 기능은 어떤 덕목이 어떤 대상이나 상황에 적용될 때 그것에 알맞게 한정하는 것이라고 할 수 있다.

예를 들어 원한 때문에 치밀하게 사전 계획을 세워서 살인을 저지른 범죄자를 재판해야 하는 판사가 있다고 해 보자. 그런데 판사가 한없이 너그러운 나머지 그 범죄자를 무조건 용서한다면 즉 무죄를 선고한다면 어떻게 될까? 법질서가 무너져서 각종 범죄가 기승을 부리게 될 것은 불을 보듯 뻔한 일이다. 너그러움은 물론 좋은 덕목이지만, 공정한 재판이라는 상황에 알맞게 한정되지 않으면 결국은 법질서의 혼란을 초래하게 된다. 이때 너그러움은 더 이상 좋은 덕목이기를 멈추고 악덕이 되고 만다. 따라서 군자는 무엇보다 의를 우선시하며, 그러한 의미에서 의는 군자의 실천 원리다.

공자가 말했다. "군사는 의에 밝고, 소인은 이익에 밝다."

子曰, "君子喩於義, 小人喩於利."
자왈 군자유어의 소인유어리

〈이인〉

군자는 무슨 일을 할 때나 의에 비추어 생각해 본 다음 실천에 옮기지만, 소인은 이익에 비추어 보고 행동을 한다. 그렇기에 소인의 행동 원리는 군자와는 달리 이익이라 할 수 있고, 따라서 원망을 사는 일이 많다.

공자가 말했다. "군자는 의를 바탕으로 삼고, 예로써 실천하고, 겸손하게 표현하고, 믿음으로 이루나니 군자답도다."

子曰, "君子義以爲質, 禮以行之, 孫以出之, 信以成之. 君子哉!"
자왈 군자의이위질 예이행지 손이출지 신이성지 군자재

〈위령공〉

일찍이 예의 내용은 인이라고 말한 적이 있지만 그것은 추상적이면서 간접적인 표현이었고, 그 구체적이면서도 직접적인 내용은 바로 의라고 할 수 있다. 임의의 상황에서 인이 표출될 때 의를 통해 적절하게 한정되지 않으면 그것은 앞서 본 것처럼 도리어 악덕으로 전락해 버리기 때문이다. 그러한 의미에서 의는 곧 적절하게 한정된 또는 제한된 인이며, 그것이 바로 예의 직접적인 바탕이 된다. 그리고 그 바탕을 예의 형식을 통해 표출하되 겸손한 태도를 지니기를 믿음직스럽게, 즉 한결같이 해야 비로소 소기의 성과를 볼 수 있고 그렇게 하는 것이 바로 군자의 참다운 실천이라는 말이다. 여기서 비로소 이번 장의 서두에서 말했던 인이라는 예의 내용과 절제된 행동이라는 예의 형식 사이를 연결하는 심리적 기제가 의라는 말의 의미를 이해할 수 있을 것이다. 구체적인 상황에 부딪혔을 때 실천되는 절제된 행동, 즉 예의 형식은 그 행동의 바탕을 이루는 인을 적절하고 마땅하게 만드는 의라는 과정을 통해 현실화되는 것이라 할 수 있다.

예를 들어 갑작스러운 사고로 남편을 잃는 바람에 형편이 아주 곤란해진 부인이 있다고 하자. 그 여인을 가엾게 여겨 도움을 주고자 하는 마음을 갖는 것은 인한 것이다. 그런데 만일 어떤 유부남이 그 여인을 돕겠다는 마음에서 자기 집안으로 맞이해 자기 부인과 똑같이 대한다면 어떻게 될까? 그 가정은 아주 혼란스러운 지경에 이를 것이다. 이때 요청되는 것이 바로 의, 즉 마땅함의 원리다. 그 여인을 도와주되 인륜을 어기는 일이 없게 하고, 마땅한 정도의 도움을 베풀되 으스대지 않고 꾸준하게 실천해야, 사정이 딱한 여인을 도와주겠다는 본래의 인한 마음이 제대로 실현되고 완성되는 것이다.

의의 특징

일민(逸民, 학문과 덕행이 있으나 초야에 묻혀 사는 사람)으로는 백이, 숙제, 우중, 이일, 주장, 유하혜, 그리고 소련 같은 이가 있었다.

공자가 말했다. "그 뜻을 굽히지 않고, 그 몸을 욕되게 하지 않은 이는 백이와 숙제로다!"

다시 말했다. "유하혜와 소련은 뜻을 굽히고 몸을 욕되게 했다고 하지만, 말에 조리가 있고 행실이 사려에 맞았을 따름이다."

또 말했다. "우중과 이일은 숨어 살면서 거리낌 없이 말을 했다고 하는데, 그 행실은 깨끗했고 세속을 떠난 것도 시의적절한 일이었다. 나는 그들과 달리 반드시 그렇게 해야 된다거나 그렇게 해서는 안 된다거나 하는 것이 없다."

逸民 伯夷 叔齊 虞仲 夷逸 朱張 柳下惠 少連.
일민 백이 숙제 우중 이일 주장 유하혜 소련

子曰, "不降其志, 不辱其身, 伯夷 叔齊與!"
자왈 불항기지 불욕기신 백이 숙제여

謂, "柳下惠 少連, 降志辱身矣. 言中倫, 行中慮, 其斯而已矣."
위 유하혜 소련 항지욕신의 언중륜 행중려 기사이이의

謂, "虞仲 夷逸, 隱居放言. 身中淸, 廢中權. 我則異於是, 無可無不可."
위 우중 이일 은거방언 신중청 폐중권 아즉이어시 무가무불가

〈미자(微子)〉

본래 일민이란 위의 뜻대로 세상사에서 벗어난 덕 높은 은자(隱者)를 말하는데, 여기서는 고상한 인물 또는 현인이라는 뜻으로 사용되었다. 여기서 예를 든 사람들은 대개가 중국 고대의 전설적인 인물들이었다. 공자가 보기에 이들 일곱 사람은, 어떤 원칙을 세우고 그것을 철저히 지킨 자들이었다. 특히 원칙을 어기느니 차라리 죽음을 택한 사람들로 대표적이라 할 수 있는 자들이 바로 백이와 숙제다.

《사기》에 따르면 백이와 숙제는 은 나라와 주 나라 시대 제후국의 하나인 고죽국(孤竹國)의 왕자들이었다. 그 임금은 평소 막내인 숙제에게 나라를 물려주고 싶어 했는데, 임금이 죽자 숙제는 맏형인 백이가 있음에도 불구하고 자기가 임금의 자리에 오르는 것은 예법에 어긋나는 일이라며 이를 양보했다. 그러나 백이 역시 그렇게 하는 것은 아버지의 명령을 어기는 일이라 해서 받아들이지 않았다. 결국 두 형제는 함께 나라를 떠나 당시 덕이 높은 것으로 유

명했던 주 나라의 문왕(文王, 연대 미상. 무왕의 아버지로 아들 무왕이 주 나라를 세울 수 있도록 기반을 닦아 주었으며, 고대의 이상적 성인 군주의 전형으로 꼽힘)을 찾아갔다. 그런데 문왕은 이미 죽고, 그 아들인 무왕이 아버지의 위패를 수레에 싣고 폭군 주왕을 토벌하러 가려던 참이었다. 그들은 무왕의 말고삐를 붙들고 이렇게 만류했다고 한다. "부친이 돌아가셨는데, 장례는 치르지 않고 곧 전쟁을 일으키려 하다니 이를 어찌 효라고 할 수 있습니까? 신하된 자로서 군주를 시해하려 하다니 이를 어찌 인이라고 할 수 있습니까?" 당시 주 나라는 은 나라의 제후국 가운데 하나였으므로, 백이와 숙제는 무왕이 주왕을 정벌하러 나서는 것을 신하가 군주를 시해하려 드는 격이라고 하며 극구 말렸던 것이다. 그러나 무왕은 이를 듣지 않고 계속 길을 재촉하여 마침내 은 나라를 멸망시키고 천하를 지배하게 되었다. 백이와 숙제는 주 나라의 백성이 되는 것을 치욕으로 여기며 지조를 지켰다. 그들은 주 나라의 곡식을 먹지 않겠다 하고는, 수양산(首陽山)에 들어가 은거하며 고비를 캐서 주린 배를 채우다가 급기야 굶어 죽었다.

백이와 숙제가 무왕에게 한 간언의 내용은 원칙적으로 틀린 곳이 하나도 없다. 그러나 당시 천하의 백성들은 폭군의 학정에 시달리고 있었다. 이러한 특수한 상황에서 무왕 역시 원칙에만 매달려 있었다면 천하의 백성들은 언제까지고 고통을 감내해야 했을 것이다. 공자 역시 이러한 경우라면 원칙을 견지하는 것은 무의미한 일이라 선언하고 정의로운 정벌에 기꺼이 동의했을 것이다. “나는 그들과 달리 반드시 그렇게 해야 된다거나 그렇게 해서는 안 된다거나 하는 것이 없다.”고 한 공자의 말은 상황을 무시한 고정된 원칙은 없다는 뜻이다. 그리고 이렇게 원칙을 위한 원칙이 아니라 상황에 따라 원칙을 적절하게 굽히고 펴는 것이, 다른 일민과 자신을 구별하는 커다란 특징이라고 했던 것이다. 공자의 원칙에 대한 유연한 태도는 다음과 같은 말로도 다시 확인된다.

공자는 다음과 같은 네 가지 것이 전혀 없었다. 사사로운 의견이 없었고, 기필코 하고자 하는 것이 없었고, 고집이 없었고, 이기적인 집착이 없었다.

子絕四, 毋意, 毋必, 毋固, 毋我.
자절사 무의 무필 무고 무아

〈자한〉

그런데 이러한 태도는 다른 사람의 의심을 살 만한 구석이 없지 않다. 언뜻 보면 시시때때로 말을 바꾸는 줏대 없는 사람으로 보일 수도 있기 때문이다. 아니나 다를까 공자보다 연장자인 미생무는 바로 그 점을 들어 공자를 꾸짖었다.

미생무가 공자에게 말했다. "구는 무엇 때문에 그렇게 바쁘게 돌아다니는 것인가? 말재간이나 부리고 있는 것이 아닌가?"

공자가 대답했다. "감히 말재간이나 부리고 있는 것이 아닙니다. 고집스러운 것을 미워하는 것일 따름입니다."

微生畝謂孔子曰, "丘何爲是栖栖者與? 無乃爲佞乎?"
미생무위공자왈 구하위시서서자여 무내위녕호

孔子曰, "非敢爲佞也, 疾固也."
공자왈 비감위녕야 질고야

〈헌문〉

공자는 언뜻 오해를 살 수도 있는 자신의 태도는 상황을 무시하는 원칙주의, 즉 무의미한 고집을 부리지 않고 또 상대방의 그러한 고집을 깨뜨리려고 하는 데서 비롯된 것일 따름이라고 스스로를 변호했다. 그리고 공자는 다른 기회를 빌려 다음과 같이 자신의 행동 원리를 천명했다.

공자가 말했다. "군자는 천하의 모든 일에 대해 꼭 그래야만 한다는 것도 없고, 그래서는 안 된다고 하는 것도 없으며, 의에 비추어 행할 따름이다."

子曰, "君子之於天下也, 無適也, 無莫也, 義之與比."
자왈 군자지어천하야 무적야 무막야 의지여비

〈이인〉

공자의 행동 원리는 다름 아닌 의였다. 그런데 이 의라고 하는 것은 고정되어 있지 않다는 점이 가장 커다란 특징이다. 한마디로 말해 의의 정수는 임기응변에 있다고 할 수 있다. 왜냐하면 의, 즉 마땅함은 늘 때와 장소, 곧 상황과 대상에 대한 마땅함이기 때문이다. 예를 들어 죄를 지은 사람에게는 벌을 주어야 마땅하고, 공을 세운 이에게는 상을 주어야 마땅하다. 벌과 상은 정반대의 처사지만, 둘 다 의가 될 수 있는 것은 그 대상이 서로 다르기 때문이다. 이렇듯 무엇이 의가 되느냐 하는 것은 구체적인 대상 또는 상황에 달려 있으므로 그것을 있는 그대로 '파악'하는 일이 가장 중요하다. 다시 말해 의는 우리가 다음 항목에서 자세히 살펴보게 될 '지(知)'에서 비롯된다는 뜻이다. 지가 제대로 이루어지지 않고 뒤틀리거나 선입견 등으로 얼룩지면, 그 대상 또는 상황에 마땅한 구체적인 실천을 선택하지 못하고 엉뚱한 짓을 하게 됨으로써, 즉 불의를 저지르게 됨으로써 다른 이들의 비웃음 또는 손가락질을 받거나, 남이나 스스로를 망치는 지경에 이른다.

가령 착하고 예쁘장하게 생긴 여인과 우락부락하게 생긴 사내가 소송을 벌이게 되었는데, 본래 그 사건은 여인이 자신의 그럴듯한 외모를 이용해서 그 사내에게 사기를 침으로써 일어났다고 해 보자. 그런데 법관은 여인의 주장에만 귀를 기울이고 사내의 말은 들은 척 만 했다. 그렇게 생긴 여인이 거짓말을 할 리 만무했으며, 그 사내는 한눈에도 도둑놈 같아 보였기 때문이다. 그래서 법관은 사내에게 엄한 벌을 내려 그를 감옥으로 보냈다. 그런데 어떤 계기로 나중에 그 사건의 진실이 드러나자 법관은 오심에 책임을 지고 사임하지 않을 수 없었다. 법관은 상황을 있는 그대로 파악하지 못하고, 즉 있는 그대로 알지[지(知)] 못하고 사람을 외모로 판단하는 선입견을 가지고 부당한 판결을 내렸으며, 이에 엉뚱한 사람이 고생함으로써 법관 스스로도 돌이킬 수 없는 지경에 이른 것이다. 이 법관이 상황을 제대로 파악해서, 즉 지를 제대로 이룸으로써 합당한 판결을 내렸다면, 억울한 일을 당하는 사람도 없었을 것이고 어이없는 일도 벌어지지 않았을 것이다. 한마디로 법관의 의에 따른 행동, 즉 합당한 판결은 제대로 된 사태 파악인 지가 선행되어야 가능하다.

공자가 말했다. "중용은 덕으로서 지고의 것이리라! 그러나 그 덕을 간직한 사람들이 드물게 된 지도 오래되었구나."

子曰, "中庸之爲德也, 其至矣乎! 民鮮久矣."
자왈　중용지위덕야　기지의호　민선구의

〈옹야〉

유가의 사서 가운데 하나로 《중용(中庸)》이 있다. 이처럼 '중용'은 유가 사상에서 매우 중요한 개념임에도 불구하고 이 중용이라는 말은 《논어》에서 딱 한 번 등장한다. 더구나 위 인용문에서 볼 수 있듯이 공자는 중용이 지고의 덕이라고 말했을 뿐 그 내용을 구체적으로 설명하지 않았다. 주자는 이 구절에 주석을 달며 "중은 지나치거나 모자란 것이 없는 상태를 가리키는 말이고, 용은 평상(平常)"이라 했으며, 중국 북송의 유학자인 정자(程子)는 "치우치지 않은 상태를 중이라 하고, 변치 않는 것을 일러 용"이라 했다. 이 말을 종합해 보면 중용은 지나치지도 모자라지도 않으며, 어느 한편으로 치우치는 일도 없는 상태를 견지하는 것이라고 할 수 있다. 사실 주자와 정자를 비롯한 여러 주석가들의 해석의 실마리는 이미 《논어》에서 다음과 같이 찾아볼 수 있다.

자공이 물었다. "자장과 자하 가운데 누가 더 훌륭합니까?"
공자가 대답했다. "자장은 지나치고 자하는 모자란 면이 있다."
또 물었다. "그러면 자장이 더 훌륭한 것입니까?"
공자가 대답했다. "지나친 것은 모자란 것과 같다."

子貢問, "師與商也孰賢?"
자공문　사여상야숙현

子曰, "師也過, 商也不及."
자왈 사야과 상야불급

曰, "然則師愈與?"
왈 연즉사유여

子曰, "過猶不及."
자왈 과유불급

〈선진〉

대부분의 사람들은 미치지 못하는 것보다는 지나친 것이 낫다고 생각한다. 자공 역시 마찬가지였다. 그러나 공자는 그 둘을 같은 것이라고 보았다. 가령 용기가 모자라면 비겁해지므로 인을 이룰 수 없고, 용기가 지나치면 만용을 부림으로써 급기야 인을 벗어나게 되기 때문이다. 그러므로 지나치지도 않고 모자라지도 않은 상태, 즉 적절하고 마땅한 상태가 가장 바람직한 것으로, 이 대목이 바로 중용의 이치를 설명하는 것이라는 데 여러 주석가들이 의견의 일치를 보고 있다. 그렇다면 어떤 독자들은 중용과 의는 결국 같은 것이 아닐까 하는 생각이 들 것이다. 그렇다. 중용이란 의와는 별도의 것이 아니라 의가 지속적으로 유지되고 있는 상태, 즉 어떤 상황에서도 변함없이 의에 비추어 행동하는 것을 가리키는 말이라 할 수 있다. 그렇기에 공자는 《중용》이라는 책에서 "군자의 중용이라는 것은 군자가 때에 맞게 행동하는 것이다[군자지중용야, 군자이시중(君子之中庸也, 君子而時中)]."라고 말했던 것이다. 여기서 '시중'은 어떠한 상황에 알맞게,

즉 적절하게 처신한다는 뜻으로 그것은 곧 의에 위배되는 일이 없다는 말이다.

이 장을 매듭짓기 전에 다시 앞의 인용문으로 돌아가 보도록 하자. 공자가 중용이 지고의 덕이라고 한 까닭은 중용의 상태가 유지되지 않으면 이미 우리가 살펴본 것처럼 어떠한 덕목도 더 이상 덕목이 아닌 것 또는 악덕으로 변질되고 말기 때문이다. 한마디로 중용의 덕을 간직한 사람이 드물면 그 세상은 난세가 된다. 공자는 바로 그러한 상황을 안타깝게 여긴 나머지 한숨을 내쉬며, 중용에 따라 처신하는 사람을 본 지 오래되었다고 한 것이다.

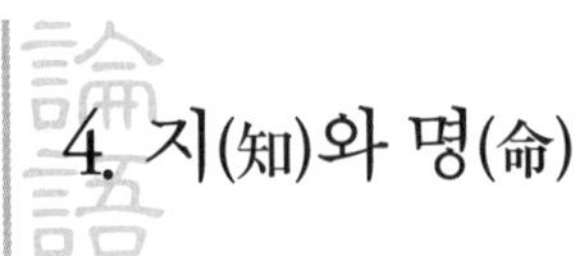

4. 지(知)와 명(命)

앞서 잠깐 말했듯이 '지'는 의가 비롯되는 곳이자 의의 주춧돌이다. 주춧돌을 잘못 세우면 그 위에 지은 건물은 곧 무너지기 마련이다. 따라서 우리는 이번 장에서 이 주춧돌의 성질과 그것을 올바로 세우는 방법에 관해서 알아보지 않으면 안 되게 되었다. 그리고 계속해서 우리는 지의 대상 가운데 하나인 명에 관해서도 비교적 자세히 살펴보게 될 것이다.

지의 종류와 의미

공자가 말했다. "날씨가 추워진 뒤에야 소나무와 잣나무가 뒤늦게 시든다는 것을 알게 된다."

子曰, "歲寒, 然後知松柏之後彫也."
자왈 세한 연후지송백지후조야

〈자한〉

이 인용문은 군자의 진가는 세상이 어지러울 때야 비로소 알아보게 된다는 사실을 자연 현상에 비유해서 표현한 것이다. 겨울이 되면 대부분의 나무들은 곧 시들고 말지만 소나무와 잣나무만은 꽤 오랫동안 그 푸름을 유지하는데, 그 사실을 알게 되는 것은 경험을 통해서다. 여기서 경험이라고 하는 것은 직접 보고 듣는다는 뜻이다. 따라서 위에서 사용된 지는 곧 견문(見聞)의 지를 가리키고 있음을 알 수 있다. 이 견문의 지는 지의 기본적이고 직접적인 형태다.

자공이 말했다. "가난하면서도 아첨하는 일이 없고, 부유하면서도 교만을 떠는 일이 없으면 어떻습니까?"

공자가 말했다. "괜찮은 편이다. 그러나 가난하면서도 즐거워하고 부유하면서도 예를 좋아하는 것만은 못하다."

자공이 말했다. "《시경(詩經)》에 '끊은 듯, 간 듯, 쪼은 듯, 다듬은 듯하다.'라고 한 것은 아마도 이런 것을 두고 한 말이겠지요?"

공자가 말했다. "자공아, 비로소 더불어 《시경》을 논할 만하구나! 지난 일을 일러 주었더니 앞으로 닥칠 일을 알게 되었구나."

子貢曰, "貧而無諂, 富而無驕, 何如?"
자공왈 빈이무첨 부이무교 하여

子曰, "可也. 未若貧而樂, 富而好禮者也."
자왈 가야 미약빈이락 부이호례자야

子貢曰, "詩云, '如切如磋, 如琢如磨.' 其斯之謂與?"
자공왈 시운 여절여차 여탁여마 기사지위여

子曰, "賜也, 始可與言詩已矣! 告諸往而知來者."
자왈 사야 시가여언시이의 고저왕이지래자

〈학이〉

가난하면 비굴해지고, 부유하면 오만해지는 것이 보통 사람들에게서 흔히 볼 수 있는 태도다. 그러므로 가난하면서도 아첨하는 일이 없고 부유하면서도 교만을 떠는 일이 없는 것만으로도 자못 훌륭하다 할 수 있는데, 공자는 이런 경우를 괜찮은 편이라고 미지근한 평가를 내린다. 그 이유는 아첨하지 않거나 교만하지 않다는 것은 빈부의 문제를 초월한 것이 아니라, 아직도 거기에 연연해서 벗어나지 못하고 있는 소극적 태도라고 보았기 때문이다. 그러면서 공자는 가난하면서도 즐거워할 줄 알고 부유하면서도 예를 좋아하는 적극적인 태도를 갖고 사는 것이 바람직하다고 말한다. 이에 자공은 《시경》의 한 구절을 인용하며, 그 말은 이미 가지고 있는 훌륭한 재료라도 더욱 갈고 닦아야 한다는 뜻이 아니냐고 되물었다. 그러자 공자는 자공을 칭찬했는데, 그 까닭은 자공이 이미 알게 된 사실을 바탕으로 다른 이치를 유추하는 능력을 보여 주었기 때문이다. 그러므로 여기서 사용된 '지'는 추리(推理)의 지임을 알 수 있다. 그것은 바로 '지난 일' 또는 다른 일을 바탕으로 '앞으로 닥칠 일' 혹은 새로운 일을 미루어 짐작하는 것이다. 이 추리의 지는 지의 파생적이고 간접적인 형태다.

> 공자가 말했다. "오직 가장 지혜로운 이와 가장 어리석은 자만이 변하는 일이 없다."
>
> 子曰, "唯上知與下愚不移."
> 자왈 유상지여하우불이
>
> 〈양화〉

가장 지혜로운 이는 태어나면서부터 훌륭한 인식 능력을 가진 이, 즉 '천재'라고 할 수 있고, 가장 어리석은 이는 제대로 된 인식 능력을 거의 갖추지 못한 '백치'라고 할 수 있다. 변하는 일이 없다고 하는 것은 교육을 통해 달라지는 일이 없다는 뜻이다. 교육은 보통 사람들의 인식 능력을 높이는 과정인데, 천재는 이미 그 능력이 최고조에 달해 있고, 백치는 교육을 받아들일 능력조차 결여되어 있기 때문에 이 양자는 교육을 통해 그 인식 능력이 크게 달라지는 일이 없다는 것이다. 따라서 여기서 지는 인식 능력을 말하는 것이라고 할 수 있다. 이때의 지는 '지(智)'라고 따로 표기하기도 하며, 이것이 곧 우리들이 흔히 지혜라고 부르는 것이다.

번지가 지혜에 대해서 물었다. 공자가 말했다. "사람으로서 마땅히 지켜야 할 도리에 힘쓰고, 귀신을 공경하되 멀리하면 지혜롭다고 할 수 있다."

樊遲問知. 子曰, "務民之義, 敬鬼神而遠之, 可謂知矣."
번지문지 자왈 무민지의 경귀신이원지 가위지의

〈옹야〉

여기서 귀신이라는 것은 인간의 정상적인 인식 능력으로 파악할 수 없는 것을 대표한다. 애당초 불가능한 일에 매달리는 것은 어리석은 일이기에 일단 접어두고, 정상적인 인식 능력을 발휘함으로써 사람으로서 마땅히 지켜야 할 도리, 즉 의를 제대로 파악하여 실천에 힘쓰는 것이 참다운 지혜라는 말이다.

공자가 자공에게 말했다. "너와 안연 가운데 누가 더 낫다고 생각하느냐?"

자공이 대답했다. "감히 제가 어찌 안연을 바라보겠습니까? 안연은 하나를 들으면 열을 아는데 비해 저는 하나를 들으면 둘을 알 뿐이니까요."

공자가 말했다. "안연만 못하지. 너와 나는 안연만 못하다."

子謂子貢曰, "女與回也孰愈?"
자위자공왈 여여회야숙유

對曰, "賜也何敢望回. 回也聞一以知十, 賜也聞一以知二."
대왈 사야하감망회 회야문일이지십 사야문일이지이

子曰, "弗如也! 吾與女弗如也."
자왈 불여야 오여여불여야

〈공야장〉

안연은 공자가 가장 뛰어난 제자로 인정한 이였고, 자공 역시 공문십철, 즉 열 사람의 수제자 가운데 하나였다. 한데 그 둘의 우열을 가리는 데 사용된 기준이 다름 아닌 '추리의 지'다. 자공이 가진 추리 능력은 하나를 들으면 둘을 아는 데 그치지만, 안연은 하나를 들으면 열을 알 정도였으므로 당연히 안연이 더 뛰어나다는 것이다. "너와 나는 그만 못하다."는 소리는 공자가 자공을 위로하기 위해서 한 말이라고 한다. 이로써 우리는 공자가 '견문의 지'보다는 추리의 지를 더 고급한 것으로 인정하고 있음을 알 수 있다. 그도 그럴 것이 견문의 지는 초보적이고 직접적인 형태의 것이므로 백치가 아닌 이상 커다란 차이가 나지는 않을 것이다. 그렇다고 공자가 견문의 지를 낮춰 본 것은 아니다.

공자가 말했다. "배우기만 하고 생각하지 않으면 어둡고, 생각만 하고 배우지 않으면 위태롭다."

子曰, "學而不思則罔, 思而不學則殆."
자왈 학이불사즉망 사이불학즉태

〈위정〉

여기서 배운다고 하는 것은 견문의 지를 넓힌다는 뜻이고, 생각한다는 것은 추리의 지를 발휘한다는 의미다. 아무리 견문의 지를 넓힌다고 해도 추리의 지를 발휘하지 않는다면, 보고 들은 것 이상의 것을 미루어 짐작하거나 파악할 수 없으므로 그 지식이 제한되는 까닭에 여전히 어둡다고 하는 것이다. 반면 견문의 지를 넓히지 않고 추리의 지만 발휘하는 것은 그 재료가 부족한 까닭에 독단에 빠지기 쉽다는 뜻에서 위태롭다고 했다. 따라서 우리는 공자가 견문의 지와 추리의 지를 모두 중요시했으되 후자를 다만 그 형태상, 보다 고급한 것으로 여겼음을 알 수 있다.

공자가 말했다. "자로야, 너에게 안다는 것이 무엇인지 가르쳐 주랴? 아는 것을 안다 하고, 모르는 것을 모른다고 하는 것, 이것이 아는 것이다."

子曰, "由, 誨女知之乎? 知之爲知之, 不知爲不知, 是知也."
자왈 유 회여지지호 지지위지지 부지위부지 시지야

〈위정〉

공자가 말했다. "아마 제대로 알지도 못하면서 함부로 지껄여 대는 사람이 있는 모양인데, 나는 그런 일이 없다. 많이 듣고서 그 가운데 좋은 것을 가려서 따르고, 많이 보고서 기억해 두면 아는 것에 버금간다."

子曰, "蓋有不知而作之者, 我無是也. 多聞擇其善者而從之, 多見而
자왈 개유부지이작지자 아무시야 다문택기선자이종지 다견이
識之, 知之次也."
식지 지지차야

〈술이〉

자로는 용기가 많아 제대로 알지 못하면서도 나서기를 좋아했으므로 공자는 그것을 경계하여 제대로 안다고 하는 것이 무엇인지 가르쳐 주었다. 그것은 한 점의 의혹 없이 분명히 아는 것을 안다 하고, 의혹이 남아 있어 불확실한 것은 모른다고 하는 것이다. 확실하게, 또는 제대로 알지 못할 때는 모른다고 하고 함부로 나서지 말아야 일을 그르치는 법이 없다. 예를 들어 사고를 당해 호흡이 잠시 끊긴 사람이 있다고 해 보자. 이때는 어느 정도의 훈련을 통해 인공호흡법을 확실히 배워 제대로 알고 있지 않는 한 함부로 덤벼들지 말고, 경험이 있는 사람에게 자리를 내주거나 재빨리 응급 구조 요원을 불러야 한다. 그렇지 않았다가는 시기를 놓쳐 정말 큰일이 일어나고 만다.

한편으로 어떤 대상을 한 점의 의혹도 없이 제대로 아는 것은 쉬운 일도 아니고, 그것이 단번에 이루어지기도 힘들다. 그렇다고 해서 제대로 알 수 있을 때까지 모든 판단이나 행동을 유보하고 있으면 이루어지는 일이 하나도 없게 된다. 이때는 그동안 보고 들은 것 가운데 좋은 것에 따라 판단을 내리거나 행동을 하면, 제대로 알고 그렇게 하는 것에 비금가는 효과를 볼 수 있다.

그러나 이 2개의 구절을 통해 공자가 말하고자 하는 바는 완전한 지에의 도달이 그리 녹녹하지 않다는 점일 것이다. 많이 듣고 보는 견문의 지가, 배우려 들지 않고 제대로 공부하지 않는 무지보다는 나은 것이겠지만 그것만으로는 부족하다는 뜻이기도 하다. 물론 모르면서 아는 척하는 태도는 언급할 가치도 없는 행위다. 솔직하게 자신의 무지를 고백하고 다른 사람의 말에 귀 기울이고 더 많이 읽고 보려고 들되 스스로의 생각을 가다듬고 정리하며 되새겨라. 그것이 공자가 고금의 얄팍한 지식인을 향해 던지는 충고일 것이다.

지의 기능

공자가 말했다. "지혜로운 이는 미혹되는 일이 없고, 인한 이는 근심하는 일이 없으며, 용감한 사람은 두려워하는 일이 없다."

子曰, "知者不惑, 仁者不憂, 勇者不懼."
자왈 지자불혹 인자불우 용자불구

〈자한〉

제대로 알고 있는 이는 한 점의 의혹도 남아 있지 않음으로 미혹되는 일이 없다. 따라서 적어도 공자가 말하는 지의 기능은 어떤 대상이나 상황을 철저하게 파악해서 의혹의 여지를 불식시킴으로써 애초에 미혹되는 일을 방지하는 것이라고 할 수 있다. 그러면 공자가 들고 있는 미혹의 예를 한번 살펴보자.

자장이 덕을 쌓고 미혹을 분별하는 일에 대해서 물었다.

공자가 말했다. "충성과 신의를 위주로 삼고, 의에 비추어 행동하는 것이 덕을 쌓는 일이다. 사랑할 때는 그 사람이 살기를 바라다가 미워지면 죽기를 바라는데, 이미 살기를 바랐다가 또 죽기를 바라는 것이 바로 미혹이다."

子張問崇德辨惑.
자장문숭덕변혹

子曰, "主忠信, 徙義, 崇德也. 愛之欲其生, 惡之欲其死. 旣欲其生, 又欲其死, 是惑也."
자왈 주충신 사의 숭덕야 애지욕기생 오지욕기사 기욕기생 우욕기사 시혹야

〈안연〉

어떤 사람을 대하는 입장이 한결같지 못하고 자신의 감정이나 기분에 따라 시시각각 이랬다가 저랬다가 하는 것이 미혹이다. 다시 말해 한 대상에 서로 모순이 되는 판단을 내리는 것은 그 대상을 제대로 알지 못하고 있기 때문에 벌어지는 일이며, 그것이 바로 미혹이라는 말이다.

번지가 공자를 따라 무우대[기우제를 지내는 곳으로 곡부성(曲阜城) 남쪽에 위치함] 아래에서 노닐다가 말했다. "감히 덕을 쌓는 일과 사악한 마음을 다스리는 일, 그리고 미혹을 분별하는 일에 대해서 여쭙겠습니다."

공자가 말했다. "좋은 질문이구나! 일을 먼저 하고 (그 대가로 얻는) 소득을 뒤로 미루는 것이 덕을 쌓는 일이 아니겠느냐? 자신의 잘못은 심하게 꾸짖고, 남의 잘못은 심하게 꾸짖지 않는 것이 사악한 마음을 다스리는 일이 아니겠느냐? 하루아침의 분노로 자신의 몸을 잊어 그 재앙이 부모에게 미치게 하는 것이 미혹된 것 아니겠느냐?"

樊遲從遊於舞雩之下, 曰, "敢問崇德 脩慝 辨惑."
번지종유어무우지하 왈 감문숭덕 수특 변혹

子曰, "善哉問! 先事後得, 非崇德與? 攻其惡, 無攻人之惡, 非脩慝
자왈 선재문 선사후득 비숭덕여 공기악 무공인지악 비수특

與? 一朝之忿, 忘其身, 以及其親, 非惑與?”
여　일조지분　망기신　이급기친　비혹여

〈안연〉

자신의 몸을 잊는다는 것은 자신의 처지나 직분을 잊는다는 것으로 그것은 곧 자신이 처한 상황을 제대로 알지 못하고 있다는 뜻이다. 특히 분노가 치밀 때는 그렇게 되기 쉽고, 그것이 곧 미혹이며 급기야 커다란 재앙을 부르게 된다는 말이다. 가령 어떤 장군이 무슨 일로 조정의 여러 대신들 앞에서 꾸중을 들었다고 하자. 그는 그 일로 분노가 치밀어 군사를 이끌고 반란을 일으켰다가 진압당했다. 그 결과 부모를 비롯한 모든 가족이 참수를 면치 못하게 되었다. 한 순간의 분노로 자신의 직분을 잊는 바람에 커다란 재앙을 초래하게 된 것이다. 그러므로 분노가 치밀 때일수록 상황 판단을 잘해야, 즉 자신의 처지와 직분을 잊지 않아야 미혹되는 일이 없다.

지의 대상

번지가…… 지에 대해서 물었다.

공자가 말했다. “사람을 아는 것이다.”

번지가 그 뜻을 이해하지 못했다.

공자가 또 말했다. "곧은 것을 들어서 굽은 것 위에 놓으면 굽은 것을 곧게 만들 수 있다."

번지가 물러나와 자하를 보고 말했다. "아까 내가 선생님을 뵙고 지에 대해서 여쭈어 보았는데, '곧은 것을 들어서 굽은 것 위에 놓으면 굽은 것을 곧게 만들 수 있다.'고 하셨으니 도대체 무슨 말씀입니까?"

자하가 말했다. "의미심장한 말씀이군요! 순 임금이 천하를 다스릴 때 여러 사람들 가운데서 고요를 기용하니 불인한 자들이 멀리 떠났고, 탕 임금이 천하를 다스릴 때 여러 사람들 가운데서 이윤을 기용하니 불인한 자들이 멀리 떠났다고 합니다."

樊遲…… 問知.
번지 문지

子曰, "知人."
자왈 지인

樊遲未達.
번지미달

子曰, "擧直錯諸枉, 能使枉者直."
자왈 거직조저왕 능사왕자직

樊遲退, 見子夏. 曰, "鄕也吾見於夫子而問知, 子曰, '擧直錯諸枉,
번지퇴 견자하 왈 향야오현어부자이문지 자왈 거직조저왕

能使枉者直.', 何謂也?"
능사왕자직 하위야

子夏曰, "富哉言乎! 舜有天下, 選於衆, 擧皐陶, 不仁者遠矣. 湯有天
자하왈 부재언호 순유천하 선어중 거고요 불인자원의 탕유천

下, 選於衆, 擧伊尹, 不仁者遠矣."
하　선어중　거이윤　불인자원의

〈안연〉

지의 대상은 앞서 말한 귀신처럼 지의 능력이 미칠 수 없는 것이 아니라 그 능력이 미칠 수 있는 것으로 제한되어야 마땅하다. 그렇지 않으면 지가 제대로 이루어질 수 없기 때문이다. 따라서 지의 대상은 자연 사물의 이치와 사람의 일, 즉 인사(人事)가 된다. 그런데 공자는 자연 사물의 이치에는 그다지 큰 관심이 없었고, 사람의 일에 관심이 많았다. 그래서 번지가 지에 관해서 묻자, 무엇보다 우선 사람을 아는 것이라고 대답했던 것이다.

그런데 사람을 아는 것이라는 말은 좀 모호한 면이 있다. 사람에게는 여러 다양한 측면이 있기 때문이다. 그러나 그 다음 말로 미루어 보면 그것은 바로 사람의 곧음과 굽음, 즉 그 성품을 파악하는 것임을 알 수 있다. 다시 말해 사람을 안다고 하는 것은 그 사람이 인한지 인하지 않은지를 파악하는 것이다. 잇따르는 자하의 설명은 사람의 성품을 파악해서 그 성품이 곧은 이, 즉 인자를 기용하면 태평성대를 이룰 수 있다는 뜻이다. 그렇게 하면 성품이 굽은 이들은 멀리 도망가서 말썽을 부리는 일이 없게 되거나 곧은 이를 따라 곧아지기 마련이다.

고요는 순 임금의 신하로 법을 세워 사회를 바로잡았고, 이윤은 은 나라 탕 임금의 현신(賢臣)으로 하(夏) 나라의 폭군인 걸(桀)을 타도하는 데 힘을 보탰고, 탕 임금이 죽은 뒤에는 그의 적손(嫡孫)을 옹립해서 지극히 보필했다고 전해진다.

공자가 말했다. "그 사람이 하는 행동을 보고 그 까닭을 살피며, 그가 편안히 여기는 것을 유심히 관찰한다면, 그 됨됨이를 숨길 수 있는 사람이 누가 있겠는가? 그 됨됨이를 숨길 수 있는 사람이 누가 있겠는가?"

子曰, "視其所以, 觀其所由, 察其所安. 人焉廋哉? 人焉廋哉?"
자왈 시기소이 관기소유 찰기소안 인언수재 인언수재

〈위정〉

사람을 알려면 그 행동거지를 살펴보아야 한다. 그러나 그것만으로는 진위를 알 수 없기에 제대로 된 판단을 내릴 수 없고, 그것은 곧 지가 제대로 이루어지지 않은 것이다. 그렇다면 어떻게 해야 지가 제대로 이루어질 수 있을까? 어떤 행동의 동기를 살피고 그 행동이 이루어진 다음, 그가 어떤 것에 만족하는지를 자세히 관찰한다면 그것이 겉으로 하는 위선인지 아닌지를 알게 된다. 이렇게 철저히 점검을 하면 그 됨됨이를 속일 수 있는 사람은 없다.

공자가 말했다. "천명을 모르면 군자가 될 수 없고, 예를 모르면 세상에 나설 수 없으며, 다른 이의 말을 잘 간파하지 못하면 그 사람을 알 수 없다."

子曰, "不知命, 無以爲君子也. 不知禮, 無以立也. 不知言, 無以知人也."
자왈 부지명 무이위군자야 부지례 무이립야 부지언 무이지인야

〈요왈〉

이 인용문은 《논어》의 마지막에 나오는 말이다. 여기서 공자는 지의 대상으로 세 가지를 언급하고 있다. 그 첫째는 명, 둘째는 예, 셋째는 말이다. 말은 바로 앞서 살펴본 행동거지와 맥락을 같이하는 것이므로 다시 설명할 필요는 없고, 예는 이미 우리가 별도의 항목을 통해 자세히 살펴보았다. 그리고 이 두 가지는 인사, 즉 사람의 일에 속하는 것임은 두말할 필요도 없다. 그렇기에 이제 우리가 살펴보아야 할 것은 명이라는 말의 의미다.

염백우가 병을 앓자 공자가 문병을 가서 창문을 통해 그의 손을 잡고 말했다. "이럴 리가 없는데, 명인가 보구나! 이런 사람이 이런 병에 걸리다니! 이런 사람이 이런 병에 걸리다니!"

伯牛有疾, 子問之, 自牖執其手, 曰, "亡之, 命矣夫! 斯人也而有斯
백우유질 자문지 자유집기수 왈 망지 명의부 사인야이유사

疾也! 斯人也而有斯疾也!"
질야 사인야이유사질야

〈옹야〉

염백우는 공문십철에 드는 수제자로 덕행에 뛰어났다. 그런 그가 몹쓸 병에 걸려, 공자가 문병을 가서 직접 대면할 수도 없이 다만 창문 너머로 손을 잡아 보는 데 그칠 지경에 이르렀다. 공자는 덕행이 뛰어난 염백우 같은 사람이 이런 몹쓸 병에 걸릴 리가 없는데, 그렇게 된 것은 명이라면서 한탄을 했다. 이때의 명은 사람의 힘으로는 어찌할 수 없고, 그 원리를 제대로 파악조차 할 수 없는 것, 즉 운명을 뜻한다.

사마우가 걱정스럽다는 듯이 말했다. "남들은 모두 형제가 있는데, 나만 홀로 형제가 없다."

자하가 말했다. "듣자 하니 '죽고 사는 일은 명에 달려 있고, 부귀는 하늘에 달려 있다.'는 말이 있다. 군자가 행동을 삼가 실수를 저지르지 않고, 다른 사람을 공손히 대하고 예의를 지키면 세상 사람들이 모두 형제라고 할 수 있다. 그런데 어찌 군자가 형제가 없다고 근심하는가?"

司馬牛憂曰, “人皆有兄弟, 我獨亡.”
사마우우왈 인개유형제 아독무

子夏曰, “商聞之矣, 死生有命, 富貴在天. 君子敬而無失, 與人恭而有
자하왈 상문지의 사생유명 부귀재천 군자경이무실 여인공이유

禮. 四海之內, 皆兄弟也. 君子何患乎無兄弟也?”
례 사해지내 개형제야 군자하환호무형제야

〈안연〉

죽고 사는 일 또한 사람의 힘으로는 어찌할 수 없는 것으로 곧 운명을 말한다. 이렇게 명은 《논어》에서 우리가 곧잘 입에 올리는 운명의 뜻으로 쓰이기도 하는데, 그것이 전부인 것은 아니다. 예를 들어 앞서 나온 “명을 모르면 군자가 될 수 없다.”는 구절의 명을 운명이라 새기면 군자는 운명론자라는 얼토당토않는 말이 되고 말기 때문이다. 또한 명이 예와 말과 더불어 지의 대상으로 언급되고 있는 이상 그것은 사람이 알 수 없는 운명이 아니라 알 수 있는 그 무엇이 되어야 마땅하다. 그러므로 명에는 운명이라는 의미 외에도 다른 뜻이 깃들어 있는 것이 분명하다. 이제 그것을 찾아나서 보기로 하자.

공자가 말했다. “나는 열다섯 살에 학문에 뜻을 두었고, 서른 살에 자립했으며, 마흔 살이 되면서부터는 미혹되는 일이 없었고, 쉰 살에는 천명을 알게 되었으며, 예순 살이 되어서는 귀로 들으면 그

대로 이해가 되었고, 일흔 살에는 마음이 하고자 하는 대로 따라 해도 법도에 어긋나는 일이 없게 되었다."

子曰, "吾十有五而志于學, 三十而立, 四十而不惑, 五十而知天命, 六
자왈　오십유오이지우학　삼십이립　사십이불혹　오십이지천명　육
十而耳順, 七十而從心所欲不踰矩."
십이이순　칠십이종심소욕불유구

〈위정〉

공자가 말했다. "군자에게는 세 가지 두려움이 있다. 천명을 두려워하고, 대인을 두려워하며, 성인의 말씀을 두려워한다. 소인은 천명을 모르기에 두려워하지 않고, 대인을 함부로 대하며, 성인의 말씀을 업신여긴다."

孔子曰, "君子有三畏, 畏天命, 畏大人, 畏聖人之言. 小人不知天命
공자왈　군자유삼외　외천명　외대인　외성인지언　소인부지천명
而不畏也, 狎大人, 侮聖人之言."
이불외야　압대인　모성인지언

〈계씨(季氏)〉

두 인용문에서 명은 '천(天)'이라는 수식어와 더불어 등장하고 있으며, 모두 지의 대상으로 언급되고 있다. 따라서 천명을 '하늘이 정한

운명'이라고 새길 수는 없다. 그것은 이미 말했듯이 지의 대상이 될 수 없기 때문이다. 그런데 《논어》에서는 아쉽게도 천명이 무엇인지 공자가 직접 설명한 구절을 찾아볼 수 없다. 그러므로 부득이 주석가의 견해를 빌려야 할 필요가 있다.

주자는 첫 번째 인용문의 천명에 대해서는 "천도(天道)가 흐르고 움직여 사물에 부여한 것으로 곧 사물이 당연히 그렇게 되는 까닭"이라고 했고, 두 번째의 그것에 대해서는 "하늘이 부여한 올바른 이치"라고 했다. 다시 말해 첫 번째 것은 하늘이 부여한 사물의 객관적인 법칙과 한걸음 더 나아가 세상사의 이치를 뜻하고, 두 번째 것은 하늘이 부여한 사람의 마음속에 내재되어 있는 도덕의 원리라고 할 수 있다. 그리고 그에 따라 "천명을 알게 되었고"라는 말은 '세상사의 이치를 알게 되었고'라고 새기고, "천명을 모르기에 두려워하지 않고"를 '도덕의 원리를 모르기에 행동을 하는 데 아무런 거리낌이 없고'라고 풀이하면, 굳이 천명을 '하늘이 내린 사명' 같은 신비한 색채의 용어를 사용해서 해석하는 것보다 훨씬 더 자연스럽게 뜻이 통한다. 게다가 그 두 가지는 모두 사람이 파악할 수 있는 것이므로 의문의 여지없이 지의 합당한 대상이 된다. 따라서 앞에 나온 "명을 모르면 군자가 될 수 없고"의 명은 곧 천명임을 알 수 있다.

결론적으로 말하자면 명은 《논어》에서 한 글자로 사용될 때 운명

또는 천명을 의미하는데, 그 명이 지의 대상으로 합당하지 않을 때는 운명이라 풀이할 수 있고, 그 반대의 경우에는 천명이라고 새길 수 있다는 이야기다.

그러면 마지막으로 기왕에 나온 '천'이라는 말을 공자는 어떠한 의미로 사용했는가를 살펴보고 이 장을 마무리 짓도록 하겠다.

안연이 죽었다.

이에 공자가 말했다. "아! 하늘이 나를 망치시는구나! 하늘이 나를 망치시는구나!"

顏淵死.
안 연 사

子曰, "噫! 天喪予! 天喪予!"
자 왈 희 천 상 여 천 상 여

〈선진〉

공자가 남자(南子)를 만나자 자로가 좋아하지 않았다.

그러자 공자가 맹세하듯 말했다. "내가 만일 떳떳하지 못한 짓을 했다면 하늘이 나를 버리실 것이다! 하늘이 나를 버리실 것이다!"

子見南子, 子路不說.
자 견 남 자 자 로 불 열

夫子矢之日, "予所否者, 天厭之! 天厭之!"
부자시지왈 여소부자 천염지 천염지

〈옹야〉

공자가 광[당시 위 나라에 속하는 곳으로 현재의 하남성(河南省) 장원현성(長垣縣省) 부근]이라는 땅에서 위험에 직면했을 때 이렇게 말했다. "문왕은 이미 돌아가셨지만, 그 문화는 여기 나에게 전해져 있지 않은가? 하늘이 이 문화를 없애려고 하셨다면, 후대의 인간인 나는 이 문화와 아무런 관계도 맺지 못했을 것이다. 하늘이 아직 이 문화를 없애려고 하시지 않는 이상 광 땅의 사람들이 나를 어떻게 하겠느냐?"

子畏於匡. 日, "文王旣沒, 文不在玆乎? 天之將喪斯文也, 後死者不
자외어광 왈 문왕기몰 문부재자호 천지장상사문야 후사자부

得與於斯文也; 天之未喪斯文也, 匡人其如予何?"
득여어사문야 천지미상사문야 광인기여여하

〈자한〉

가장 아끼던 수제자가 요절하자 공자는 땅을 치며 통곡했다. 자신이 밝힌 도가 제대로 전해지기는 틀렸다고 생각했기 때문이리라. 그래서 그는 하늘이 자기를 망친다고 했던 것이다.

남자는 위 나라 임금인 영공(靈公)의 부인으로 행실이 좋지 못한

여자였다. 스승이 그런 여자를 만나고 왔으니 자로가 좋아할 리 없었다. 이때 공자는 자신이 남자를 만나 부당한 짓을 했다면 하늘이 마땅히 벌을 내릴 것이라고 말했다. 공자가 광 땅에서 수난을 겪게 된 까닭은 그가 노 나라의 악당 양호(陽虎)와 닮았기 때문이라고 한다. 그전에 양호는 광에 와서 몹쓸 짓을 했던 터라 광 땅의 사람들은 그에게 원한이 맺혀 있었다. 이에 마침 그곳을 지나가던 공자를 양호로 오인한 광 땅의 사람들이 복수를 하고자 몰려들었던 것이다. 이때 공자는 하늘이 문왕이 이룩한 문화를 지속시키려는 의지가 있는 한, 광 땅 사람들이 자신을 어찌 하지 못할 것이라고 했다. 지금까지 언급된 하늘은 모두 인간에 대해 생사 여탈권을 지니고, 길흉화복을 관장하며, 그 의지를 관철하는 등의 인격을 갖춘 절대적인 신, 즉 상제(上帝)라고 볼 수 있다. 그리고 이때의 하늘을 '주재지천(主宰之天)'이라고 부르는데, 그것은 우리가 흔히 하느님이라고 부르는 존재나 다름없다.

공자가 말했다. "나는 이제 말할 생각이 없다."

자공이 말했다. "선생님께서 말씀을 하시지 않으면, 저희들이 무엇을 전하겠습니까?"

공자가 말했다. "하늘이 무슨 말을 하더냐? 사계절이 운행되고 만물이 자라나지만, 하늘이 무슨 말을 하더냐?"

▲ **함께 수레에 탄 위령공과 남자**

위령공의 애첩 남자는 본래 송 나라 제후의 딸로서 여러모로 행실이 좋지 못했다. 그런 그녀가 공자를 불러들여 둘의 만남이 성사된 적이 있다. 제자인 자로는 이 일로 크게 분개했으며, 남자 및 위령공과 얽힌 몇몇 불미스러운 사건을 계기로 공자는 위 나라를 떠나 진(陳) 나라로 향한다.

▼ **광 사람들에 둘러싸인 공자**

위 나라를 떠나 광 땅을 지나던 공자는 노 나라의 악당 양호와 외모가 비슷하다는 이유로 광 사람들에게 오해를 사, 급기야 그들에게 포위당하기에 이른다. 위아래 그림 모두 〈공자성적도〉 중에서.

子曰, "予欲無言."
자왈 여욕무언

子貢曰, "子如不言, 則小子何述焉?"
자공왈 자여불언 즉소자하술언

子曰, "天何言哉? 四時行焉, 百物生焉, 天何言哉?"
자왈 천하언재 사시행언 백물생언 천하언재

〈양화〉

자공은 언변에 뛰어난 제자였다. 따라서 말을 중요시하고 말에 얽매이는 면이 없지 않았다. 그러나 말은 어디까지나 진리 또는 도를 표현하는 수단에 지나지 않는 것이지 진리 자체는 아니다. 그래서 공자는 자공을 깨우치기 위해 이제 더 이상 말을 하지 않겠다고 한 것이다. 그런데 역시나 자공은 말이 없으면 무엇을 어떻게 전해야 하냐면서 말을 중시하는 태도를 버리지 않았다. 이에 공자는 다시 한번 일침을 가한다. 하늘이 아무 말 하지 않아도 사계절은 어김없이 운행되고 만물은 자라난다고 말이다. 이 말은 공자 가르침의 정수는 그 말이 아니라 행동거지, 즉 삶의 자세 자체에 있다는 뜻으로 풀이될 수도 있다. 어쨌거나 이때의 하늘은 우주의 최고 원리를 상징하는 말로 '의리지천(義理之天)'이라고 부른다. 이 의리지천은 인격을 가지고 있지 않으므로 말을 할 수도 없고, 어떤 의지를 관철하기 위해 시시때때로 인간사에 간섭하는 일도 없다.

이렇게 공자는 천을 어떤 때는 주재지천 그리고 어떤 때는 의리지

천의 의미로 사용했고, 특히 《논어》에서는, 앞서 제시한 인용문의 숫자에서도 짐작할 수 있듯 전자의 의미로 사용한 경우가 압도적으로 많다. 그러나 이것을 근거로 공자가 주재지천을 강조했다고 단정하는 것은 곤란하다. 왜냐하면 주재지천은 직접 보거나 들을 수 있는 존재는 아니므로 견문의 지의 대상이 될 수 없으며, 추리를 통해 확신할 수도 없기 때문에 추리의 지의 대상이 될 수도 없는 것으로, 결국은 '운명지천(運命之天)'과 다름없는 것이기 때문이다. 이에 비해 의리지천은 우주의 법칙 또는 원리로서 지의 능력으로 파악할 수 있는 것이기에 지의 합당한 대상이 될 수 있다. 따라서 공자가 중시한 천은 언급한 횟수와 관계없이 도리어 의리지천이라고 할 수 있다. 그리고 이 의리지천이 사물에 부여한 법칙과 사람에 부여한 도덕의 원리가 바로 천명이다!

5. 도(道)와 덕(德)

지금까지 우리는 《논어》의 중심 개념, 즉 공자 사상의 중추를 이루는 여러 개념들을 살펴보았다. 이제 제1부를 마무리하면서 그동안 언뜻언뜻 등장했지만, 상세하게 설명한 적이 없었던 '도'와 '덕'의 의미를 정리해 보도록 하자.

도의 의미

공자가 말했다. "아침에 도를 들으면 저녁에 죽어도 좋다."

子曰, "朝聞道, 夕死可矣."
자왈 조문도 석사가의

〈이인〉

아침부터 저녁까지는 길게 잡아 봐야 열 시간 남짓한 짧은 동안이다. 그래서 그렇게 짧은 동안을 흔히 '조석지간(朝夕之間)'이라는 말로 표현한다. 위의 말을 요즘의 우리에게 익숙한 표현으로 바꾸어 본다면 "아침에 도를 들으면 그 자리에서 죽어도 좋다."라는 말이 됨직하다. 그런데 여기서 '도'라는 것이 도대체 무엇이기에 공자는 그것을 들으면, 다시 말해 그것을 알게 되면 그 자리에서 죽어도 여한이 없다는 식으로 한껏 과장을 하고 있는 것일까?

후한 시대의 허신(許愼)이 한자 단어의 유래와 의미를 설명해 놓은 책인 《설문해자(說文解字)》를 보면 "도는 다니는 길이다."라고 풀이되고 있음을 알 수 있다. 도라는 말은 우선 물리적인 차원의 도로라는 의미를 갖고 있다. 그것이 사회와 문화의 변천과 발전에 따라 다음과 같이 그 의미가 확대되기에 이르렀다.

첫째, 도는 어느 목적지를 가자고 할 때 반드시 거쳐야 하는 것이다. 여기서 사물의 운동과 변화의 필연성, 즉 사물의 당연한 이치 또는 법칙이라는 의미를 가지게 되었다. 둘째, 도에는 시작과 끝 사이의 일정한 거리가 있기 마련이다. 목적지에 도달하려면 시작점에서 이어진 연장선을 통과해야 한다. 여기서 사물의 운동과 변화의 '과정'이라는 뜻이 비롯되었다. 셋째, 길을 잘못 들어서면 원하는 목적지에 갈 수 없다. 여기서 사람이 반드시 지켜야 하는 원칙과 도리 또는 추구하는 방향이라는 뜻이 나오게 되었다. 넷째, 길에는 장애물이 없어야 길의 구실을 제대로 할 수 있다. 여기서 순리 또는 조리라는 뜻이 비롯되었다. 다섯째, 길은 목적지에 이르기 위한 수단이다. 따라서 방법 또는 방식의 의미를 갖게 되었다. 그 밖에 다른 의미가 더 없는 것은 아니지만, 대체로 이 다섯 가지가 중국 철학에서 사용되고 있는 도라고 하는 말의 의미를 이룬다. 그리고 도는 문맥에 따라 이들 다섯 가지 가운데 구체적으로 어느 하나를 의미하기도 하고, 여럿 또는 모두를 함께 아울러, 다시 말해 총체적으로 뜻하는 경우도 있다.

그렇다면 위의 인용문에 나오는 도는 구체적으로 어떤 의미를 갖고 있을까? 《논어》에는 이처럼 한 마디가 한 장(章)으로 되어 있는 것이 적지 않은데, 이런 경우 그 말이 나온 배경을 짐작하기 어려우므로 해석이 여럿 있을 수 있다. 예를 들어 주자는 그 도를 당연한 이치, 즉 진리로 보고, 그것을 체득하기만 하면 살아서는 순조롭고 죽을 때도 마음이 동요하는 일 없이 편안하므로, 당장 죽어도 아쉬울 것 없다는 풀이를 하고 있다. 그에 비해 다른 주석가는 그것은 공자가 세상이 부조리함을 한탄한 말로, 만일 아침에 세상이 조리가 있다는 말을 듣게 되면 저녁에 죽어도 여한이 없다는 해석을 하고 있다. 물론 어느 쪽이 더 옳다고 판정을 내릴 수는 없다. 그러자면 이 말이 나온 정확한 시기와 배경을 먼저 확인해야 하는데, 그렇게 할 수 있는 상세한 사료가 현재 남아 있지 않기 때문이다.

공자가 말했다. "도가 같지 않으면 함께 일을 도모할 수 없다."

子曰, "道不同, 不相爲謀."
자왈 도부동 불상위모

〈위령공〉

길이 다르면 목적지가 다르므로 함께 갈 수 없는 노릇이다. 여기서 도는 추구하는 방향이라는 뜻으로 사용되고 있다.

공자가 말했다. "굳게 믿고 배우기를 좋아하며, 훌륭한 도리를 끝까지 지킨다. 위험한 나라에는 들어가지 않고, 어지러운 나라에는 머물지 않는다. 천하에 도가 있으면 나타나고 도가 없으면 숨는다. 나라에 도가 있는데도 빈천한 것은 수치스런 일이고, 나라에 도가 없는데도 부귀한 것 역시 수치스런 일이다."

子曰, "篤信好學, 守死善道. 危邦不入, 亂邦不居. 天下有道則見, 無
자왈 독신호학 수사선도 위방불입 난방불거 천하유도즉현 무

道則隱. 邦有道, 貧且賤焉, 恥也; 邦無道, 富且貴焉, 恥也."
도즉은 방유도 빈차천언 치야 방무도 부차귀언 치야

〈태백〉

이 구절은 군자의 삶의 자세를 말한 것으로 볼 수 있다. 그것은 곧 소신을 갖고 행동하고, 견문의 지를 넓히는 것을 즐기며, 사람이 마

땅히 갖추어야 하는 훌륭한 도리를 결코 저버리지 않는 것이다. 난리가 일어날 조짐이 있는 나라와 기강이 문란한 나라에는 들어가지도 머물지도 않는 것이 현명하다. 설사 훌륭한 능력을 갖고 있다 해도 그것이 제대로 발휘될 수 있는 기회를 갖기란 고사하고 도리어 화를 당하기 쉽기 때문이다. 그러므로 세상이 부조리하면 몸을 숨기고, 세상이 순리에 따라 움직이면 몸을 드러내 능력을 발휘한다. 순리대로 일이 이루어지는 나라에서 빈천한 것은 능력이 없거나 게으른 탓이므로 부끄러운 일이고, 부조리가 판을 치는 나라에서 부귀를 누리는 것은 그것을 묵인하거나 도리어 이용하는 것이므로 또한 수치스러운 일이다.

공자가 말했다. "누가 밖으로 나갈 때 문을 지나지 않을 수 있겠는가? 그런데 왜 아무도 이 도를 따르지 않는 것인가?"

子曰, "誰能出不由戶? 何莫由斯道也?"
자왈 수능출불유호 하막유사도야

〈옹야〉

밖으로 나가고자 할 때는 반드시 문을 통과해야 하듯이 올바른 삶을 살고자 하면 반드시 올바른 도리를 따라야 한다. 그런데 그것을 따르려고 하는 자가 없으니 도대체 어찌된 일인가? 그것은 문을 통과하지도 않고 밖으로 나가려고 하는 것처럼 있을 수 없는 일이 아닌가? 공자는 사람들이 도를 즐겨 따르려 하지 않는 모습을 보고 실망해서 이렇게 말했다. 그리고 여기서 특히 그 도는 다름 아닌 공자가 주창한 도였다. 그렇다면 공자가 주창한 도는 과연 무엇이었을까? 사실 지금까지 살펴본 도라고 하는 말의 의미는 일반적인 것이지 공자만의 독특한 것은 아니었다. 그런데 이 인용문만으로는 그 내용을 짐작할 수 없으므로 우리는 다른 것들을 찾아보아야만 한다.

자공이 말했다. "선생님이 학문에 관해서 말씀하시는 것은 들을 수 있었지만, 선생님이 인간의 본성과 천도에 관해서 말씀하시는 것은 들을 수 없었다."

子貢曰, "夫子之文章, 可得而聞也; 夫子之言性與天道, 不可得而聞也."
자공왈 부자지문장 가득이문야 부자지언성여천도 불가득이문야

〈공야장〉

여기서 '천도'는 '인도(人道)'와 짝을 이루는 말로서 '만물의 운행 법칙'을 뜻한다. 요즘 말로 하자면 자연 법칙 또는 물리 법칙이라고 할 수 있다. 인도는 사람이 반드시 따라야 하는 도리로 쉽게 말하자면 곧 도덕이다. 그런데 공자의 제자들 가운데 그 누구보다 공자를 오

래 모신 자공은 공자가 인간의 본성과 천도에 관해서 말하는 것을 들어본 적은 없고, 학문에 관해서 말하는 것만 들어 보았다고 증언하고 있다. 그렇다면 공자가 주창한 도는 그 범위를 일단 인도로 제한해 볼 수 있음 직하다. 하지만 공자는 모든 제자들을 강당에 모아 놓고 강의를 하기보다는 오늘날의 과외 선생님처럼 개인 지도 방식으로 가르쳤으므로, 자공의 증언만으로는 뭐라고 단정하기에 부족하다고 생각하는 사람이 있을지도 모르겠다. 실제로 주자와 정자는 공자가 본성과 천도를 언급하지 않은 것이 아니라, 자공이 그에 관한 가르침을 받을 정도의 단계에 도달하지 못해 계속 듣지 못하고 있다가, 나중에서야 그것을 듣고 뒤늦게 찬미하는 뜻에서 위와 같이 말한 것이라고 주장하고 있다.

그러나 앞서 살펴보았듯 공자는 지의 주요 대상을 인사, 즉 사람의 일로 삼았다. 다시 말해 공자는 자연사(自然事), 곧 자연계의 현상에는 그다지 관심을 기울이지 않았으므로 천도를 언급하는 일보다 인도를 입에 올리는 일이 더 많았을 것이라고 보는 편이 보다 자연스럽다. 따라서 자공의 증언은 있는 그대로의 사실을 말한 것이고, 공자가 주창한 도는 곧 인도라고 할 수 있다.

공자는 자산을 이렇게 평가했다. "그에게는 군자의 도가 네 가지 있었다. 그 몸가짐은 공손했고, 윗사람을 섬기는 것은 경건했으며,

백성을 양육하면서는 은혜를 베풀었고, 백성을 부림에는 의로웠다."

子謂子産, "有君子之道四焉, 其行己也恭, 其事上也敬, 其養民也惠,
자위자산 유군자지도사언 기행기야공 기사상야경 기양민야혜

其使民也義."
기사민야의

〈공야장〉

공자가 말했다. "군자의 도는 셋인데, 내가 능한 것은 하나도 없다. 인한 이는 근심하는 일이 없고, 지혜로운 이는 미혹되는 일이 없으며, 용기 있는 이는 두려워하는 일이 없다."

자공이 말했다. "선생께서 스스로를 두고 겸손하게 하신 말씀이다."

子曰, "君子道者三, 我無能焉. 仁者不憂, 知者不惑, 勇者不懼."
자왈 군자도자삼 아무능언 인자불우 지자불혹 용자불구

子貢曰, "夫子自道也."
자공왈 부자자도야

〈헌문〉

공자가 말했다. "삼아! 나의 도는 하나로 일관되어 있다."

증자가 말했다. "네, 그렇습니다."

공자가 자리를 뜨자 문인들이 물었다. "무슨 말씀입니까?"

증자가 말했다. "선생님의 도는 충과 서일 따름입니다."

子曰, "參乎! 吾道一以貫之."
자왈 삼호 오도일이관지

曾子曰, "唯."
증자왈 유

子出. 門人問曰, "何謂也?"
자출 문인문왈 하위야

曾子曰, "夫子之道, 忠恕而已矣."
증자왈 부자지도 충서이이의

〈이인〉

자산은 정(鄭) 나라의 훌륭한 정치가였다. 그는 네 가지 군자의 도를 지녔다는데 그 내용은 공손, 경건, 은혜, 그리고 의로움이었다는 말이다. 공자가 말하는 군자의 도 세 가지 역시, 별도의 세 가지 도가 있다는 뜻이 아니라 그 내용이 세 가지, 곧 인, 지, 용이라는 말이다. 삼은 증자의 이름으로 그는 처음에는 다소 느렸으나 결국 공자의 제자 가운데 스승의 뜻을 이어받은 적통(嫡統) 제자가 되어 《대학(大學)》을 지었다고 한다. 그는 공자가 주창한 도의 내용을 충과 서가 대표한다고 생각했다. 충은 자신의 마음을 극진히 다하는 것으로 곧 성실한 태도를 일컬으며, 서는 자신의 일로 미루어 남을 생각하는 것, 다시 말해 남을 자기처럼 여기는 것이다.

지금까지 이 책을 차분히 읽어 온 독자라면 여기서 언급되고 있는 도의 내용은 곧 인을 구성하는 덕목들이라는 사실을 알아차렸을 것이다. 그러니까 공자가 주창한 도, 다시 말해 그만의 독특한 도의 내용은 다름 아닌 인이고, 그러한 의미에서 공자의 도는 곧 인도(仁道)라고 부를 수 있다. 공자 스스로도 《맹자(孟子)》에서 이렇게 말하고 있다. "도에는 두 가지가 있으니 인한 것과 인하지 못한 것이 있을 따름이다."

덕의 의미

계강자가 공자에게 정치에 관해서 물었다. "만일 무도한 자들을 죽여서 도가 있는 사회를 이룬다면 어떻겠습니까?"

공자가 대답했다. "정치를 하는데 사람을 죽일 필요가 있겠습니까? 당신이 착한 사람이 되고자 하면 백성들도 착해집니다. 군자의 덕은 바람이고, 소인의 덕은 풀과 같은 것입니다. 풀 위에 바람이 불면 풀은 반드시 눕기 마련입니다."

季康子問政於孔子曰, "如殺無道, 以就有道, 何如?"
계강자문정어공자왈 여살무도 이취유도 하여

孔子對曰, "子爲政, 焉用殺? 子欲善, 而民善矣. 君子之德風, 小人
공자대왈 자위정 언용살 자욕선 이민선의 군자지덕풍 소인

之德草. 草上之風, 必偃."
지덕초 초상지풍 필언

〈안연〉

계강자는 당시 노 나라에서 실제적인 통치 권력을 행사하고 있던 가문인 계손씨(季孫氏)의 우두머리로 이름은 비(肥)였다. 그는 철권통치를 하면 나라의 질서가 빨리 잡힐 것이라고 생각했던 모양이다. 그러나 공자의 생각은 달랐다. 위정자가 앞장서 질서를 따르지는 않고 철권을 휘두르는 것을 능사로 여긴다면 도리어 반란을 초래해 대혼란이 빚어지기 십상이기 때문이다.

다시 말해 위정자가 스스로 법도를 잘 지키고 착한 일을 한다면 백성들 역시 감화를 받아 착한 일을 하게 될 것이므로, 사람을 죽이면서까지 정치를 할 이유가 없다는 말이다. 이어서 공자는 바람과 풀의 비유를 들어 계강자를 다시 일깨워 주었다. 여기서 군자와 소인은 도덕적인 의미가 깃들어 있는 말이 아니라 다만 그 지위의 높고 낮음을 가리킬 따름이다. 다시 말해 군자는 통치자, 그리고 소인은 일반 백성을 가리키는 말이라고 보아도 무방하다. 이 글에서 '덕'은 구체적인 사물이 '도'로부터 부여받은 특수한 성질을 일컫는 말이다.

제 나라의 유명한 정치가 관중(管子, 기원전 ?~기원전 645)이 지은 《관

자(管子)》에는 "덕이란 도가 깃드는 집이다."라고 표현되어 있다. 예를 들어 윗사람 또는 통치자의 특수한 성질, 즉 덕은 능동적으로 지도하는 데 있고, 아랫사람 또는 백성들의 그것은 그 지도를 수동적으로 받아들이는 데 있다고 할 수 있다. 덕의 이러한 정의는 중국 철학에서 일반적으로 사용되고 있는 것으로, 그렇다면 공자가 말하는 덕 역시 그 정도의 의미를 벗어나지 않는 것일까?

공자가 말했다. "자로야! 덕을 아는 이가 드물구나!"

子曰, "由! 知德者鮮矣."
자왈 유 지덕자선의

〈위령공〉

공자가 말했다. "덕이 충분히 닦여지지 않은 것, 학문이 충분히 익혀지지 않은 것, 의로운 일인 줄 알면서 실천에 옮기지 못하는 것, 그리고 좋지 않은 점을 고치지 못하는 것, 이것이 바로 나의 걱정거리다."

子曰, "德之不修, 學之不講, 聞義不能徙, 不善不能改, 是吾憂也."
자왈 덕지불수 학지불강 문의불능사 불선불능개 시오우야

〈술이〉

언급한 대로 덕이 구체적인 사물이 도로부터 부여받은 특수한 성질이라고 할 때 그것은 타고난 것을 가리킨다. 예를 들어 사람이 다른 사물 또는 동물과 구별되는 까닭은 사람이 타고난 특수한 성질이 그것들과 다르기 때문이다. 그런데 이 특수한 성질, 곧 덕은 타고난 것임에도 불구하고 처음부터 확연히 드러나는 것은 아니다. 그런 것이라면 덕을 아는 이가 드물 리도 없고, 구태여 덕을 충분히 닦을 필요도 없기 때문이다. 또한 사람이 타고난 특수한 성질에는 좋은 것도 있고 나쁜 것도 있을 수 있다. 그런데 나쁜 것은 없애야 마땅한 것이고 굳이 닦아서 드러낼 대상이 아니므로 일단 덕이란 타고난 특수한 성질 가운데 좋은 것들을 지칭하는 말임을 알 수 있다. 그래서 나쁜 것들을 가리키는 악덕이라는 말을 별도로 쓰게 된 것이다. 다시 정리해 보자면 공자가 말하는 덕이란 타고난 특수한 성질 가운데 좋은 것들이며, 그것들은 처음부터 확연히 드러나는 것이 아니므로 충분히 닦아서 알아야 한다, 즉 체득해야 한다는 말이다. 그리고 그 좋은 것들이 공자가 주창하는 덕의 내용이 됨은 두말할 것도 없다.

어떤 사람이 말했다. "덕으로 원한을 갚는 것은 어떻습니까?"

공자가 말했다. "그렇다면 덕은 무엇으로 갚겠는가? 올곧음으로 원한을 갚고, 덕으로 덕을 갚아야 한다."

或曰, "以德報怨, 何如?"
혹왈　이덕보원　하여

子曰, "何以報德? 以直報怨, 以德報德."
자왈　하이보덕　이직보원　이덕보덕

〈헌문〉

여기서 덕은 은혜라는 뜻으로 쓰였다. '직', 즉 올곧음은 공명정대하고 사사로움이 없는 것을 말한다. 원한을 은혜로 갚는다는 것은 언뜻 아주 훌륭한 말로 들릴 수도 있다. 그러나 공자의 생각은 달랐다. 원한을 은혜로 갚고 은혜도 은혜로 갚는다면, 다시 말해 원한과 은혜를 구분하지 않고 똑같이 대한다면 '의'가 성립하지 않으므로 인간사가 혼란에 빠지게 되기 때문이다. 예를 들어 어떤 상인이 장사할 밑천을 가지고 산길을 가다가 강도를 만났다고 하자. 그는 밑천을 빼앗기지 않으려고 있는 힘을 다해 저항했지만, 힘에 부쳐 중상을 입고 밑천까지 빼앗기고 말았다. 그때 덩치 좋은 사내가 마침 그 모습을 보고 달려와 자신의 몸을 돌보지 않고 격투를 벌인 끝에 강도를 제압하고 밑천을 돌려주었다. 상인은 그 사내가 너무나도 고마워 사례금을 주었다. 그런데 상인이 강도를 용서하고 돈을 줘서 그냥 보낸다면 어떻게 될까? 강도는 기회만 있으면 다시 강도짓에 나설 것이고, 사내는 어이없어하며 그런 일이 다시 벌어지더라도 굳이 나서서 도울 생각을 하지 않게 될 것이다. 그렇다고 상인이 다시는 강도짓을 하지 못하게 하겠다며 강도의 팔을 직접 자른다면 그 역시 과한 짓이 될 터이다. 이때 마땅히 해야 할 일, 즉 의를 실천하는 방법은, 강도를 경찰에 넘겨 법에 따라 합당한 처벌을 받게 함으로써, 다시는 다른 사람들을 해쳐서 돈을 빼앗는 짓을 못하게 만드는 것이다. 이처럼 공자는 은혜는 당연히 은혜로 갚되 원한은 그에 마땅한 선에서 응징하는 것이 옳다고 생각했다. 그리고 이때 유념해야 할 것은 사사로운 감정이 아니라 올곧음을 그 기준으로 삼아야 한다는 사실이다.

공자가 말했다. "태백은 지극한 덕을 가진 사람이라고 할 수 있으리라! 세 차례나 천하를 양보했음에도 백성들은 칭송할 수조차 없었으니 말이다."

子曰, "泰伯, 其可謂至德也已矣! 三以天下讓, 民無得而稱焉."
자왈 태백 기가위지덕야이의 삼이천하양 민무득이칭언

〈태백〉

태백은 앞서 자주 나온 주 나라 문왕의 큰아버지로서 오(吳) 나라의 시조(始祖)다. 그는 문왕이 뛰어나다는 것을 알고, 그가 주 나라의 대통을 확실히 이어받을 수 있도록 하기 위해 바로 아래 동생 중옹과 함께 오 나라 땅으로 달아났다. 천하를 세 차례나 양보했다는 것은 바로 이것을 두고 한 말이다. 그 일이 하도 은밀하게 이루어져서 백성들은 그와 같은 일이 벌어졌는지조차 알 수 없었기에 그 덕을 칭찬하려고 해야 칭찬할 수 없었던 것이다. 여기서 그 덕의 구체적인 내용은 바로 사양(辭讓)이다.

공자가 말했다. "중용은 덕으로서 지고의 것이리라! 그러나 그 덕을 간직한 사람들이 드물게 된 지도 오래되었구나."

子曰, "中庸之爲德也, 其至矣乎! 民鮮久矣."
자왈 중용지위덕야 기지의호 민선구의

〈옹야〉

자장이 덕을 쌓고 미혹을 분별하는 일에 대해서 물었다.

공자가 말했다. "충성과 신의를 위주로 삼고, 의에 비추어 행동하는 것이 덕을 쌓는 일이다. 사랑할 때는 그 사람이 살기를 바라다가 미워지면 죽기를 바라는데, 이미 살기를 바랐다가 또 죽기를 바라는 것이 바로 미혹이다."

子張問崇德辨惑.
자장문숭덕변혹

子曰, "主忠信, 徙義, 崇德也. 愛之欲其生, 惡之欲其死. 旣欲其生,
자왈 주충신 사의 숭덕야 애지욕기생 오지욕기사 기욕기생

又欲其死, 是惑也."
우욕기사 시혹야

〈안연〉

번지가 공자를 따라 무우대 아래에서 노닐다가 말했다. "감히 덕을 쌓는 일과 사악한 마음을 다스리는 일, 그리고 미혹을 분별하는 일에 대해서 여쭙겠습니다."

공자가 말했다. "좋은 질문이구나! 일을 먼저 하고 (그 대가로 얻는) 소득을 뒤로 미루는 것이 덕을 쌓는 일이 아니겠느냐? 자신의 잘못은 심하게 꾸짖고, 남의 잘못은 심하게 꾸짖지 않는 것이 사악한 마음을 다스리는 일이 아니겠느냐? 하루아침의 분노로 자신의 몸을 잊어 그 재앙이 부모에게 미치게 하는 것이 미혹된 것 아니겠느냐?"

樊遲從遊於舞雩之下, 曰, "敢問崇德 脩慝 辨惑."
번지종유어무우지하 왈 감문숭덕 수특 변혹

子曰, "善哉問! 先事後得, 非崇德與? 攻其惡, 無攻人之惡, 非脩慝與? 一朝之忿, 忘其身, 以及其親, 非惑與?"
자왈 선재문 선사후득 비숭덕여 공기악 무공인지악 비수특여 일조지분 망기신 이급기친 비혹여

〈안연〉

위의 세 인용문들은 이미 한 차례 살펴본 것들로서, 이를 통해 우리가 확인할 수 있는 것은 덕의 내용에는 중용, 충성, 신의, 의로움

등이 포함된다는 것이다. 그 앞의 은혜와 사양을 포함해서 이것들은 모두 인을 구성하는 덕목이다. 그리고 "어려운 일을 먼저 하고 이득을 뒤로 미루는 것"은, 번지가 앞서 나온 다른 대목에서 인에 대해서 물었을 때 "어려운 일은 남보다 먼저 하고, 이득을 얻는 일은 남보다 뒤에 하는 것"이라고 했던 것과 같은 취지의 말로, 그것 역시 인의 핵심 사항 가운데 하나다. 따라서 우리는 공자가 주창한 덕의 내용은 곧 인이고, 그러한 의미에서 공자가 말하는 덕이란 다름 아닌 인덕(仁德)임을 알 수 있다.

지금까지 살펴본 바에 따르면 공자가 말하는 도와 덕의 내용은 모두 인이다. 다시 말해 이 세 가지는 전혀 다른 별개의 것이 아니라 서로 밀접하게 연관되어 있는 것이고, 어떤 의미에서는 하나의 것이라고까지 말할 수 있다. 그렇다면 구태여 세 가지의 서로 다른 이름을 사용하는 이유는 어디에 있을까?

공자가 말했다. "도에 뜻을 두고, 덕을 굳게 지키며, 인에 의지하여 육예에 노닌다."

子曰, "志於道, 據於德, 依於仁, 游於藝."
자왈 지어도 거어덕 의어인 유어예

〈술이〉

도에 뜻을 둔다고 하는 것은, 도를 추구하는 목표로 삼는다는 말이고, 덕을 굳게 지킨다고 하는 것은 덕을 닦아서 갖춘다, 즉 체득한다는 말이다. 이미 알아본 바와 같이 도와 덕의 내용은 모두 인이다. 그러므로 다만 그 인을 추구하는 대상으로 객관화시켜서 지칭할 때는 도라 부르고, 스스로 갖추어야 할 대상으로 주관화시켜서 지칭할 때는 덕이라고 부르는 것일 따름이다. 다시 말해 대화를 나누거나 진술을 할 때 그 상황에 비추어 똑같은 내용을 달리 표현하는 것에 지나지 않는다. 따라서 위의 인용문의 뜻은 결국 인을 추구하는 대상으로 삼고, 인을 체득하며, 인에 의지해서 육예를 익히고, 쓰기를 걸림 없이, 즉 자유자재로 하라는 것이 된다.

《논어》의 인간관

|제 2 부|

論語

論語 1. 훌륭한 사람이 되고 못 되고는 자기 자신에게 달려 있다

공자가 말했다. "인간의 본성은 서로 비슷하지만, 그 습성은 서로 현저히 다르다."

子曰, "性相近也, 習相遠也."
자왈 성상근야 습상원야

〈양화〉

앞서 본 자공의 말대로 공자는 인간의 본성에 대해 언급하는 일이 드물었기에 《논어》 전체를 통해 그것을 다룬 것은 이 장밖에 없다. 그런데 공자는 선천적으로 타고나는 사람의 본성은 같으나, 그 본성이 선한 것인지 악한 것인지는 분명하게 언급하지 않았다. 그러나 앞서 "인은 멀리 있는 것인가? 내가 인을 바라면 인은 곧 내게 다가온다."라는 말에서 살펴보았듯이 공자는 인간의 본성이 선하다는 쪽에 더 가까운 입장을 취했던 것으로 보인다. 그런데 이 본성은 처음부터 확연히 드러나 있는 것이 아니므로 반드시 잘 갈고 닦아야 할 필요가 있다. 따라서 후천적인 학습이나 수양, 그리고 단련이 공자의 가르침에서 무엇보다 중요한 위치를 차지한다. 그런 식으로 본성이 확연히 드러나 계속해서 유지되면 훌륭한 사람이 된다. 반대로 그것을 방치하거나 갈고 닦는 일을 게을리하면 어느덧 나쁜 습성에 빠져 바람직하지 못한 사람이 되고 만다. 따라서 훌륭한 사람이 되고 못 되고는 바로 자기 자신에게 달려 있다.

공자가 말했다. "잘못을 저지르고서도 고치지 않는 것, 이것이 바로 잘못이다."

子曰, "過而不改, 是謂過矣."
자왈 과이불개 시위과의

〈위령공〉

공자가 말했다. "희망이 없구나. 나는 이제껏 자신의 잘못을 깨닫고 속으로 스스로를 꾸짖는 자를 보지 못했다."

子曰, "已矣乎! 吾未見能見其過而內自訟者也."
자왈 이의호 오미견능견기과이내자송자야

〈공야장〉

공자가 말했다. "나이가 사십이 되었으면서도 악습을 버리지 못했다면, 그야말로 끝장났다고 해도 과언이 아닐 것이다."

子曰, "年四十而見惡焉, 其終也已."
자왈 연사십이견악언 기종야이

〈양화〉

공자가 말했다. "어떻게 할까, 어떻게 할까 하면서 스스로 방법을 찾으려고 노력하지 않는 이는 나도 어떻게 할 수가 없다."

子曰, "不曰 '如之何如之何'者, 吾末如之何也已矣."
자왈 불왈 여지하여지하 자 오말여지하야이의

〈위령공〉

사람은 누구나 잘못을 저지를 수 있다. 그러나 잘못을 빨리 인정하고 애써 고치려 하는 사람은 쉬이 찾아보기 드물다. 그래서 공자는 탄식했다. 잘못은 잘못했을 때 그것을 바로 인정하고 빨리 고치지 않으면 어느덧 뿌리 깊은 습관이 되어, 고치는 것이 더욱 힘들게 되기 때문이다. 불혹의 경지인 마흔 무렵이 되어서까지 악습을 끊어 버리지 못한다면, 그가 앞으로 훌륭한 사람이 될 가능성은 거의 없다고 할 수 있다. 그러므로 훌륭한 사람이 되기 위해서는 잘못은 초기에 바로잡아 습관이 붙지 않게 하고, 어떻게 하면 바른 길로 나아갈 수 있을지 스스로 방법을 찾아보아야 한다. 행여 부모나 친구의 손에 붙들려 아무리 훌륭한 스승의 문하에 들어간다 해도, 자신이 스스로 문제를 해결하고자 하는 강한 의지를 갖고 있지 않다면 말짱 헛일이 되고 말 것이다.

2. 이상적인 인격

《논어》에는 훌륭한 사람, 즉 이상적인 인격을 갖춘 사람을 일컫는 데 쓰이는 호칭이 여럿 등장한다. 이 장에서는 그러한 호칭들을 각각 분류해 그 쓰임새를 살펴봄으로써 그 의미에 차이가 있다면 그것은 무엇인지 알아보도록 하자.

사(士)

공자 당시 '사'는 사농공상(士農工商), 즉 평민을 분류한 사민(四民)의 하나였다. 그 가운데 농, 공, 상은 육체노동에 의거해서 생계를 꾸려갔지만, 사는 통치 계급에 문사(文士) 또는 무사(武士)로 발탁되어 정치와 전쟁에 참여하는 대가로 녹봉을 받아 먹고살았다. 그러니까 요샛말로 하자면 그들은 일종의 전문직 종사자였을 뿐, 이상적 인격과는 별반 관계가 없었던 셈이다. 그들은 친소(親疏)를 불문하고, 자신의 재주를 높이 사서 더 많은 녹봉과 높은 지위를 주겠다고 하는 자에게 미련 없이 자리를 옮겨, 원래 모시던 군주와 대적하는 일도 서슴지 않았다. 마치 오늘날 현대인들이 더 많은 연봉을 약속하는 직장으로 거리낌 없이 자리를 옮기듯 말이다. 그런데 공자는 이런 사에 다른 의미를 덧붙였다.

자공이 공자에게 물었다. "어떻게 해야 '사'라고 할 수 있습니까?"

공자가 말했다. "자기 행동에 수치심을 느낄 줄 알고, 다른 나라에 사신으로 가서 임금이 내린 사명을 욕되게 하지 않는다면 사라고 할 만하다."

자공이 말했다. "감히 그 다음(아래) 것을 여쭈어 보겠습니다."

공자가 말했다. "친척들에게 효성스러운 사람이라는 말을 듣고, 마을 사람들에게 어른을 공경할 줄 아는 사람이라는 말을 듣는 것이다."

자공이 또 말했다. "감히 그 다음 것을 여쭈어 보겠습니다."

공자가 말했다. "말에는 반드시 신용이 있고, 행동에는 반드시 과단성이 있는 것은 융통성이 없는 소인이라 할 수도 있겠지만, 어쨌든 그 아래는 될 수 있다."

자공이 말했다. "오늘날 정치에 종사하는 자들은 어떻습니까?"

공자가 말했다. "아! 도량이 좁은 사람들을 따져 봐야 무엇하겠느냐?"

子貢問曰, "何如斯可謂之士矣?"
자공문왈　하여사가위지사의

子曰, "行己有恥, 使於四方, 不辱君命, 可謂士矣."
자왈　행기유치　사어사방　불욕군명　가위사의

曰, "敢問其次."
왈　감문기차

曰, "宗族稱孝焉, 鄕黨稱弟焉."
왈　종족칭효언　향당칭제언

曰, "敢問其次."
왈　감문기차

曰, "言必信, 行必果, 硜硜然小人哉! 抑亦可以爲次矣."
왈　언필신　행필과　경경연소인재　억역가이위차의

曰, "今之從政者何如?"
왈　금지종정자하여

子曰, "噫! 斗筲之人, 何足算也."
자왈　희　두소지인　하족산야

〈자로〉

자로가 물었다. "어떻게 해야 '사'라고 할 수 있습니까?"

공자가 말했다. "정성스럽고 자상하고 화목하게 지내면 사라고 할 수 있다. 친구 간에는 서로 정성스럽고 자상하게 충고하고 격려하며, 형제 사이에는 서로 화목하게 지내야 한다."

子路問曰, "何如斯可謂之士矣?"
자로문왈 하여사가위지사의

子曰, "切切 偲偲 怡怡如也, 可謂士矣. 朋友切切 偲偲, 兄弟怡怡."
자왈 절절 시시 이이여야 가위사의 붕우절절 시시 형제이이

〈자로〉

공자가 말했다. "'사'가 도에 뜻을 두고도 보잘것없는 옷과 보잘것없는 음식을 부끄럽게 여긴다면, 더불어 이야기할 가치가 없다."

子曰, "士志於道, 而恥惡衣惡食者, 未足與議也."
자왈 사지어도 이치악의악식자 미족여의야

〈이인〉

공자가 말했다. "'사'이면서 편안하게 살기를 생각한다면 사라고 하기에 부족하다."

子曰, "士而懷居, 不足以爲士矣."
자왈 사이회거 부족이위사의

〈헌문〉

공자가 전문 지식과 무예로 먹고사는 '사'에게 추가했던 것은 바로 도덕성이었다. 사는 비록 통치 계급의 말단 피고용자이기는 하지만 일선에서 실무를 담당하는 자들이므로, 그들에게 도덕성이 없다면 백성이 곤란을 겪게 될 것은 물론, 심지어 나라가 망하는 사

태를 맞게 될 것은 불을 보듯 뻔한 일이기 때문이다. 오늘날 하루가 멀다 하고 대중매체를 장식하는 일선 공무원들의 비리와 전문직 종사자들의 부도덕성이 사회에 미치는 폐해를 가늠해 보면, 공자의 도덕성 요구가 한낱 도덕주의자의 백일몽이 아니라는 사실을 깨달을 수 있을 것이다. 그래서 공자는 최고의 사는 도덕과 실무 능력을 두루 갖추어야 마땅하지만, 그게 버거우면 도덕심만이라도 갖추고, 그도 안 되면 언행을 미덥고 절도 있게 함으로써 사의 대열에 턱걸이는 할 수 있다고 했던 것이다. 그리고 이제 도덕성을 요구받은 사는 일신의 안위만을 염려하는 속물근성을 버려야 한다고 공자는 강조했다.

이러한 사에 대해서 우리는 비로소 '선비'라는 훈(訓)을 붙여 읽는다. 선비는 학식이 있고 행동과 예절이 바르며, 의리와 도덕을 지키는 고결한 인품을 지닌 사람을 이르는 순수한 우리말이다. 따라서 사라는 글자를 무턱대고 선비라고 옮기는 우를 범해서는 안 된다. 공자가 요구한 도덕성을 저버리는 사는 그저 하위 관리이자 '사민'의 하나일 뿐 결코 선비가 될 수 없기 때문이다. 물론 앞의 글만이 아니라 《논어》 곳곳에 등장하는 사라는 말은 대다수가 올바른 지식인으로서의 사를 의미하는 것이기에 선비라고 옮길 수 있을 것이다.

자장이 말했다. "선비가 위태로움을 보면 목숨을 바치고, 이득이 되는 것을 보면 의를 생각하며, 제사를 지낼 때는 공경스럽기를 생각하고, 상을 당했을 때는 슬픔을 생각한다면 괜찮다고 하리라."

子張曰, "士見危致命, 見得思義, 祭思敬, 喪思哀, 其可已矣."
자장왈 사견위치명 견득사의 제사경 상사애 기가이의

〈자장(子張)〉

증자가 말했다. "선비는 넓은 도량과 강한 의지를 가져야만 한다. 임무는 막중하고 갈 길은 멀기 때문이다. 인의 실현을 자신의 임무로 삼나니 이 어찌 막중하지 않으랴? 죽고 나서야 끝나는 것이니 이 또한 멀지 않은가?"

曾子曰, "士不可以不弘毅, 任重而道遠. 仁以爲己任, 不亦重乎? 死而後已, 不亦遠乎?"
증자왈 사불가이불홍의 임중이도원 인이위기임 불역중호 사이후이 불역원호

〈태백〉

공자가 말한 도덕성은 다름 아닌 '인'이었다. 자장이 거론하고 있는 덕목들은 모두 이미 인을 이야기할 때 등장한 것들이다. 증자는 아예 인이라고 단 한마디로 분명하게 못 박고 있다. 그러므로 인을 구현하거나 실현하지 못하면 선비라고 할 수 없는 것이다.

군자(君子)

'군자'와 '소인' 역시 '사'와 마찬가지로 본래는 사회 계층의 하나를 가리키는 말이었을 따름이다. 좌구명이 춘추 시대 각국의 역사를 기술한 책인 《국어(國語)》의 〈노어(魯語)〉 상(上)에 보면 다음과 같은 말이 나온다. "군자는 다스리는 일에 힘쓰고 소인은 노동에 힘쓴다." 군(君)은 주 나라 때 봉지(封地)를 받은 사람을 가리키는 말이므로, 본래 군자는 말 그대로 군의 아들을 뜻한다. 말하자면 왕자(王子)나 공자(公子)와 같은 맥락이다. 그 후 군자는 통치 계급에 속하는 사람을 일반적으로 부르는 말이 되었다. 그러다가 춘추 시대 말기에 이르러 군자는 도덕과 인격을 갖춘 사람을 일컫게 된 것이다. 소인 또한 본래는 육체노동으로 살아가는 피지배 계급을 가리키는 말이었으나, 군자의 의미가 확대됨에 따라 오늘날 우리가 쓰는 소인배라는 뜻을 갖게 되었다. 그렇다면 공자가 말하는 군자는 구체적으로 어떤 인격을 갖춘 사람이었을까?

자로가 군자에 대해 물었다.

공자가 말했다. "경건한 마음으로 자기 수양을 하는 사람을 말한다."

자로가 다시 물었다. "그 정도가 전부입니까?"

공자가 말했다. "스스로를 닦아서 다른 사람들을 편안하게 해 준다."

자로가 또 물었다. "그게 전부입니까?"

"스스로를 닦아서 만백성들을 편안하게 하는 것이다. 그렇게 하는 것은 저 요 임금과 순 임금이라도 어려워했던 일이다."

子路問君子.
자로문군자

子曰, "修己以敬."
자왈 수기이경

曰, "如斯而已乎?"
왈 여사이이호

曰, "修己以安人."
왈 수기이안인

曰, "如斯而已乎?"
왈 여사이이호

曰, "修己以安百姓. 修己以安百姓, 堯舜其猶病諸!"
왈 수기이안백성 수기이안백성 요순기유병저

〈헌문〉

군자라는 말은 《논어》에서 무려 107번이나 등장한다. 자로는 공자가 늘 그렇게 강조하는 군자라는 인간상이 도대체 어떤 것인지 궁금했나 보다. 그런데 공자의 대답이 뭐 그다지 대단한 것이 아니라 은자 비슷한 것을 뜻하는 것 같아 마음에 들지 않았던 모양이다. 그래서 계속 캐물었던 것이다. 그러나 공자는 자로가 내심 기대하고 있을 법한 왕후장상(王侯將相, 제왕·제후·장수·재상을 아울러 이르는 말)이나 영웅호걸 같은 멋진 이야기를 하기는커녕 평범한 대답으로 일관하고 있다. 그러나 그 대답이 바로 군자의 본질을 가리키고 있는 것이니 어쩌랴?

군자는 첫째 사기 수양을 하고, 둘째 그 결과를 통해 주변 사람들을 편안하게 하고, 셋째 그 범위를 확대해서 천하의 백성을 모두 편안하게 해 주는 사람이다. 이 세 번째는 특히 성인(聖人)의 경지를 말하는 것이니, 성인과 군자는 별개의 것이 아니다. 최고 수준의 군자가 곧 성인인 셈이니까 말이다. 그리고 군자가 자기 수양을 통해 이루고자 하는 것이 바로 인이라는 점은, 이미 한 차례 살펴본 다음 글에서도 명확하다.

공자가 말했다. "부귀는 사람들이 바라는 바지만 정당한 방법으로 얻은 것이 아니라면 연연하여 머물지 않는다. 빈천은 사람들이 싫어하는 바지만 부당하게 그렇게 되었다 하더라도 굳이 벗어나려 하지 않는다. 군자가 인을 버리면 어찌 군자라는 이름을 이룰 수 있겠는가? 군자는 밥 한 끼를 먹는 짧은 시간이라도 인을 어기는 일이 없고, 다급한 상황에서도 반드시 인에 머물고, 곤경에 빠져서도 반드시 인에 머문다."

子曰, "富與貴是人之所欲也, 不以其道得之, 不處也; 貧與賤是人之
자왈　부여귀시인지소욕야　불이기도득지　불처야　빈여천시인지

所惡也, 不以其道得之, 不去也. 君子去仁, 惡乎成名? 君子無終食之
소오야　불이기도득지　불거야　군자거인　오호성명　군자무종식지

間違仁, 造次必於是, 顚沛必於是."
간위인　조차필어시　전패필어시

〈이인〉

그러면 이제 군자의 풍채는 어떤 것인지를 한번 알아보도록 하자.

위 나라 영공이 공자에게 진 치는 법을 물었다.

공자가 대답했다. "조두(俎豆)에 관한 일은 일찍이 들어서 알고 있습니다만, 군사에 관한 일은 아직 배운 일이 없습니다."

그리고 다음 날 마침내 위 나라를 떠났다. 진(陳) 나라에서 양식이 떨어지자 따라다니던 제자들은 병들고 지쳐서 아무도 자리에서 일어나지 못했다.

이에 자로가 화난 얼굴로 공자를 보고 말했다. "군자도 곤궁할 때가 있습니까?"

공자가 말했다. "군자는 곤궁에 처해도 꿋꿋하지만, 소인은 곤궁하면 곧 외람스러워진다."

衛靈公問陳於孔子.
위령공문진어공자

孔子對日, "俎豆之事, 則嘗聞之矣; 軍旅之事, 未之學也."
공자대왈 조두지사 즉상문지의 군려지사 미지학야

明日遂行. 在陳絶糧, 從者病, 莫能興.
명일수행 재진절량 종자병 막능흥

子路蚌見日, "君子亦有窮乎?"
자로온현왈 군자역유궁호

子日, "君子固窮, 小人窮斯濫矣."
자왈 군자고궁 소인궁사람의

〈위령공〉

'조두'는 제례 때 사용하는 그릇이며 그것에 관한 일이란 곧 제례를 가리킨다. 영공이 공자에게 진법(陣法)을 물은 까닭은, 그가 생모인 남자를 죽이려다 실패하고 송(宋) 나라를 거쳐 진 나라로 도망간 태자 괴외를 처단하려고 했기 때문이라는 설이 있다. 그런데 하필이면 병법가로 이름을 날린 적도 없는 공자에게 갑자기 그런 질문을 한 것은 공자의 인학(仁學) 속에 쓸 만한 것, 예를 들면 부국강병의 비책이 있는가를 확인해 보려는 속셈이었다. 그것은 마치 책장수에게 칼도 파느냐고 묻는 것과 다름없는 일이었다. 공자는 부자간의 다툼에 휘말려서 좋을 것도 없고 영공의 슬쩍 떠 보는 짓도 괘씸해서 군사에 관해서는 전혀 아는 바가 없다 하고는 곧 위 나라를 떠나 버렸다.

그 후 공자는 여러 나라를 전전하다 초 나라의 초빙을 받고 가는 길에, 그가 초 나라에 등용되면 자신들이 위태로워질 것을 두려워한

▲ **공자에게 진법을 묻고 있는 위령공**

영공은 생모인 남자를 죽이려다 실패하고 송 나라와 진(陳) 나라로 도망간 태자 괴외를 처단하고자 공자에게 진 치는 법을 물었던 것으로 보인다.

▼ **곤궁함에 빠진 공자**

공자가 초 나라에 등용되면 자신들이 위태로워질 것을 두려워한 진(陳) 나라와 채 나라 대부들이 초 나라로 향하던 공자 일행을 포위한 사건이 있었다. 이에 공자 일행은 급기야 양식이 떨어지는 생존의 위기에 직면하게 된다. 그러나 공자는 군자는 곤궁을 당해도 도에 어긋난 일을 하는 법 없이 절도 있게 행동해야 함을 강조했다. 위 아래 그림 모두 〈공자성적도〉 중에서.

진 나라와 채(蔡) 나라 대부들이 보낸 군사에 포위를 당해 양식이 떨어지는 곤경에 처하게 되었다. 훗날 맹자에 따르면 이때 공자가 자공을 밀사로 보내 초 나라에서 구원군을 파견할 때까지 속수무책으로 굶고 앉아 있을 수밖에 없었던 까닭은, 일신상의 출세를 위해 그 지방 세력가들과 사귄 적이 없기 때문이었다. 아무튼 이러한 상황으로 열 받은 자로는 핏대를 세우며 공자에게 따지듯이 물었다. 평소의 행동거지가 올바른 군자도 곤궁에 처하는 법이 있느냐고 말이다. 물론 군자도 사람인 이상 곤궁에 처하지 말라는 법은 없다. 자로도 그것을 모를 리 없으므로 이 질문은 그저 일종의 화풀이였던 것으로 보인다. 이에 공자는 군자는 곤궁을 당해도 도에 어긋난 일을 하지 않고 여전히 절도 있게 행동하지만, 소인은 곤궁에 처하면 견디지 못하고 물불 가리지 않는 행동을 하게 된다고 말한다. 그것은 지금 화난 얼굴로 스승에게 달려들어 따지듯 물어보는 자로의 행동이 바로 곤궁에 처한 소인배가 보여 주는 전형적인 태도임을 빗댄 것이기도 하다.

공자가 말했다. "본바탕이 꾸밈보다 뛰어나면 야인처럼 촌스럽고, 꾸밈이 본바탕보다 뛰어나면 문장만 그럴듯하게 써 대는 서기와 같다. 본바탕과 꾸밈이 적절히 조화를 이룬 뒤에야 군자라고 할 수 있다."

子曰, "質勝文則野, 文勝質則史. 文質彬彬, 然後君子."
자왈 질승문즉야 문승질즉사 문질빈빈 연후군자

〈옹야〉

군자는 인이라고 하는 소박한 품성과 예라고 하는 세련된 교양을 겸비한 사람이다. 그 품성이 소박하기에 인간미가 있으며, 세련된 교양을 갖추고 있기에 행동거지가 우아해서 촌스러움이 없다. 군자가 이렇게 겉과 속을 조화롭게 하면 그 풍채를 흠모하지 않을 사람은 없다.

공자가 말했다. "군자가 먹는 데 배부르기를 구하지 않고, 거주함에 편안하기를 구하지 않으며, 일을 함에는 민첩하고 말을 함에는 신중하며, 도를 체득한 사람에게 나아가 자기를 바로잡는다면 배우기를 좋아한다고 할 만하다."

子曰, "君子食無求飽, 居無求安, 敏於事而愼於言, 就有道而正焉,
자왈 군자식무구포 거무구안 민어사이신어언 취유도이정언

可謂好學也已."
가위호학야이

〈학이〉

군자가 배부름과 편안함에 연연하지 않는 것은 도에 뜻을 두고 있기 때문이다. 그리고 군자는 말이 행동보다 앞서는 것을 경계하기 때문에 행동은 신속하게 하고 될 수 있는 대로 그 말을 아낀다. 또한 도를 체득한 사람을 찾아가 열심히 배워서 자기의 잘못을 고치기를 마다하지 않는다.

공자가 말했다. "군자는 의를 바탕으로 삼고, 예로써 실천하고, 겸손하게 표현하고, 믿음으로 이루나니 군자답도다."

子曰, "君子義以爲質, 禮以行之, 孫以出之, 信以成之. 君子哉!"
자왈 군자의이위질 예이행지 손이출지 신이성지 군자재

〈위령공〉

군자의 행동 원리는 의며, 그것을 바깥으로 드러낼 때는 예를 따른다. 따라서 그 모습은 공손할 수밖에 없다. 그리고 그렇게 하기를 믿음직스럽게, 다시 말해 한결같이 해서 뜻한 바를 이룬다.

공자가 말했다. "배우고 그것을 때맞추어 익히면 역시 기쁘지 않은가? 벗들이 먼 곳에서 찾아오면 역시 즐겁지 않은가? 남이 알아주지 않아도 노여워하지 않으면 역시 군자답지 않은가?"

子曰, "學而時習之, 不亦說乎? 有朋自遠方來, 不亦樂乎? 人不知
자왈 학이시습지 불역열호 유붕자원방래 불역락호 인부지

而不慍, 不亦君子乎?"
이불온 불역군자호

〈학이〉

공자가 말했다. "군자는 자기 자신에게서 구하고, 소인은 남에게서 구한다."

子曰, "君子求諸己, 小人求諸人."
자왈 군자구저기 소인구저인

〈위령공〉

공자가 말했다. "군자는 자기에게 능력이 없는 것을 걱정하지 남이 자기를 알아주지 않는 것을 걱정하지 않는다."

子曰, "君子病無能焉, 不病人之不己知也."
자왈 군자병무능언 불병인지불기지야

〈위령공〉

남이 알아주지 않아도 군자가 노여워하지 않는 까닭은, 인의 성취는 남이 알아주느냐 마느냐에 달린 것이 아니라 스스로에게 달려 있기 때문이다. 그래서 군자는 오직 자기 자신에게 인을 성취할 수 있는 능력이 혹시 모자라지는 않는가를 걱정할 따름이다. 소인은 일이 뜻대로 되지 않으면 남의 탓부터 하지만, 군자는 그 원인을 우선 자기 자신에게서 찾는다.

공자가 말했다. "군자는 다투는 일이 없으니, 굳이 있다고 한다면 활쏘기일 것이다! 읍을 하고 사양하면서 올라갔다가, 내려와 술을 마시니 그 다툼도 군자답도다."

子曰, "君子無所爭, 必也射乎! 揖讓而升, 下而飮, 其爭也君子."
자왈 군자무소쟁 필야사호 읍양이승 하이음 기쟁야군자

〈팔일〉

군자가 남과 다투는 일이 없는 까닭은 극복의 대상이 남이 아니라 바로 자기 자신, 즉 사욕(私慾)과 허물이기 때문이다. 굳이 다투는 일이 있다면 그것은 활쏘기와 같은 건전한 경기에서나 볼 수 있다. 그러나 그것도 어디까지나 페어플레이 정신을 벗어나는 법이 없으니 참으로 군자다운 태도라는 것이다. 짝을 이뤄 활을 쏘기 전에 서로 정중히 인사를 나누고, 서로 먼저 쏘라고 양보를 하며, 이긴 사람이 내려와 정중히 인사하면 진 사람은 흔쾌히 벌주를 받아 마시는 광경을 머릿속으로 그려 보라.

공자가 말했다. "군자는 남과 화합하기는 하지만 뇌동하지는 않는다. 소인은 남에게 뇌동하기는 하지만 화합하지는 않는다."

子曰, "君子和而不同, 小人同而不和."
자왈 군자화이부동 소인동이불화

〈자로〉

화합은 주관을 버리지 않고 조화를 이루는 것이며, 뇌동은 줏대 없이 남의 의견에 무조건 따르는 것을 말한다. 예를 들어 왕이 틀린 것을 옳다 하면 그 틀린 것을 지적하여 보완하고, 옳은 것을 틀렸다 하면 그 옳은 것을 밝혀 보완하는 것이, 뇌동하는 일이 없는 군자가 추구하는 화합이다. 그러나 소인배는 이익을 얻기 급급해서 줏대 없이 윗사람의 말에 무조건 따르고 본다. 이것이 바로 화합을 모르는 소인배의 뇌동이다.

자하가 말했다. "군자에게는 세 가지 변화가 있다. 멀리서 바라보면 근엄하고, 가까이 다가가서 보면 온화하고, 그 말을 들어보면 엄격하다."

子夏曰, "君子有三變, 望之儼然, 卽之也溫, 聽其言也厲."
자하왈 군자유삼변 망지엄연 즉지야온 청기언야려

〈자장〉

여기서 변화는 풍채를 뜻한다고 볼 수 있다. 정자는 "다른 사람은 근엄하면 온화하지 못하고, 온화하면 엄격하지 못한데, 오직 공자만이 그 셋을 온전히 갖추었다."고 주석하고 있다. 그렇다면 이 장은 공자의 풍채에 대한 자하의 느낌이라고도 볼 수 있다. 하지만 그 세 가지 변화는 군자 일반이 갖추어야 할 풍채이기도 하다.

공자가 말했다. "군자가 진중하지 않으면 위엄이 없고, 배우면 고루하지 않게 된다. 충성과 신의를 위주로 삼고, 자기만 못한 사람을 벗으로 사귀지 않으며, 허물이 있으면 곧 고치기를 꺼려하지 않는다."

子曰, "君子不重則不威, 學則不固. 主忠信, 無友不如己者, 過則勿憚改."
자왈 군자부중즉불위 학즉부고 주충신 무우불여기자 과즉물탄개

〈학이〉

행동이 경망스러우면 위엄이 서지 않아 미더움을 사기 어렵다. 그래서 군자는 행동거지에 진중함을 잃지 않으려 한다. 그리고 널리 배워 완고함을 물리치고, 인의 실현을 위주로 하며, 자기만 못해서 배울 것이 없는 자와는 어울리지 않는다. 또한 자신의 잘못을 알게 되면 곧 인정하고 애써 고치기를 마다하지 않는다.

사마우가 군자에 대해 물었다.

공자가 말했다. "군자는 근심하지도 않고 두려워하지도 않는다."

사마우가 다시 말했다. "근심하지도 않고 두려워하지도 않으면 그것만으로 곧 군자라 할 수 있습니까?"

공자가 말했다. "마음속으로 반성해서 꺼림칙한 것이 없다면 무엇을 근심하고 무엇을 두려워하겠느냐?"

司馬牛問君子.
사마우문군자

子曰, "君子不憂不懼."
자왈 군자불우불구

曰, "不憂不懼, 斯謂之君子已乎?"
왈 불우불구 사위지군자이호

子曰, "內省不疚, 夫何憂何懼?"
자왈 내성불구 부하우하구

〈안연〉

마땅하지 못한 짓을 하면 언제 발각되어 붙들려 가지나 않을까 하고 근심되고 두려운 법이다. 그러나 군자는 의를 행동 원리로 삼고 있기에 마땅하지 못한 짓을 할 리가 없고, 허물이 있으면 즉시 고치므로 따로 근심하고 두려워할 일이 없어 늘 당당하다. 그러나 소인배는 이익을 행동 원리로 삼고 있기에, 마땅하지 못한 짓도 서슴지 않고 허물을 고치는 일도 게을리하므로, 원한을 사서 보복을 당하지 않을까 걱정하며 그 마음이 늘 조마조마한 법이다.

공자가 말했다. "군자는 그릇이 아니니라."

子曰, "君子不器."
자왈 군자불기

〈위정〉

그릇은 일정한 형태를 가지고 있으며, 그 형태에 맞는 역할만을 수행한다. 예를 들어 술잔에 고기를 담을 수는 없는 노릇이다. 군자는 한 가지 기술만으로 살아가는 기능인이 아니고 널리 학식을 닦아 두루두루 능통한 전인의 경지를 추구해야 한다는 뜻으로 볼 수 있다.

자공이 말했다. "군자도 미워하는 것이 있습니까?"

공자가 말했다. "미워하는 것이 있다. 남의 나쁜 점을 말하는 사람을 미워하고, 아랫자리에 있으면서 윗사람을 비방하는 자를 미워하며, 용기는 있지만 무례한 사람을 미워하고, 과감하지만 융통성이 없는 자를 미워한다."

공자가 덧붙였다. "자공아, 너도 미워하는 것이 있느냐?"

"남의 말을 도용해서 지혜로운 체하는 자를 미워하고, 불손한 것을 용맹스럽다고 여기는 자를 미워하며, 남의 사사로운 비밀을 들추어내는 것을 정직하다고 여기는 사람을 미워합니다."

子貢曰, "君子亦有惡乎?"
자공왈 군자역유오호

子曰, "有惡, 惡稱人之惡者, 惡居下流而訕上者, 惡勇而無禮者, 惡果敢而窒者."
자왈 유오 오칭인지악자 오거하류이산상자 오용이무례자 오과감이질자

曰, "賜也亦有惡乎?"
왈 사야역유오호

"惡徼以爲知者, 惡不孫以爲勇者, 惡訐以爲直者."
오요이위지자 오불손이위용자 오알이위직자

〈양화〉

군자는 인의 핵심인 '애인(愛人)'을 늘 염두에 두고 실천하지만, 그렇다고 무조건 사랑하기만 하는 것이 아니라 미워하는 것도 있다. 사람의 도리를 저버리고, 어리석고, 만용을 부리며, 쓸데없는 고집을 부리는 자를 미워한다. 나쁜 사람을 미워하는 마음이 강한 만큼 좋은 사람을 사랑하는 마음은 그만큼 절실하고 커다란 법이다. 군자는 사람을 대할 때 물에 물 탄 듯 술에 술 탄 듯한 불분명한 태도를 취하지 않고, 미워할 것은 미워하고 사랑할 것은 사랑하는 단호한 자세를 보인다.

인자(仁者)

재아가 물었다. "인자는 누가 그에게 '우물 속에 사람이 빠져 있다.' 고 말해도, 확인도 안 한 채 우물 속으로 뛰어들지는 않겠지요?"

공자가 말했다. "어찌 그렇게 하겠느냐? 군자를 속여서 우물가에 가게 할 수는 있어도 우물에 빠지게 할 수는 없다. 군자를 그럴듯하게 속일 수는 있어도 터무니없이 속여 우롱할 수는 없느니라."

宰我問曰, "仁者, 雖告之曰, '井有仁焉.' 其從之也?"
재아문왈 인자 수고지왈 정유인언 기종지야

子曰, "何爲其然也? 君子可逝也, 不可陷也; 可欺也, 不可罔也."
자왈 하위기연야 군자가서야 불가함야 가기야 불가망야

〈옹야〉

자공이 말했다. "만약 널리 백성들에게 은혜를 베풀고 많은 사람을 구제할 수 있다면 어떻습니까? 인하다고 할 수 있겠습니까?"

공자가 말했다. "어찌 인하다고 할 뿐이겠느냐? 반드시 성스럽다 하리라! 요 임금이나 순 임금도 그렇게 하는 것을 어렵게 여겼을 것이다. 무릇 인한 사람은 자기가 서고자 하면 남도 세워 주고, 자기가 두루 통하고 싶으면 남도 두루 통하게 해 준다. 가까운 자기 몸을 예로 삼아 남의 처지를 가늠해 볼 수 있다면, 그것이야말로 인을 실천하는 올바른 방법이라 할 수 있을 것이다."

子貢曰, "如有博施於民而能濟衆, 何如? 可謂仁乎?"
자공왈　여유박시어민이능제중　하여　가위인호

子曰, "何事於仁, 必也聖乎! 堯舜其猶病諸! 夫仁者, 己欲立而立人,
자왈　하사어인　필야성호　요순기유병저　부인자　기욕립이립인

己欲達而達人. 能近取譬, 可謂仁之方也已."
기욕달이달인　능근취비　가위인지방야이

〈옹야〉

윗글에서 눈여겨보면 재아는 인자는 어떻게 하느냐고 물었는데 공자는 군자는 이러저러하다고 대답한다. 이를 보면 공자는 인자와 군자를 굳이 구별하지 않는 것으로 보인다. 또 두 번째 인용문에서 인자는 "자기가 서고자 하면 남도 세워 준다."고 했는데, 그것은 앞서 군자는 "스스로를 닦아서 만백성들을 편안하게 하는 것이다."와 표현만 다를 뿐 그 취지는 같다. 따라서 인자는 군자와 확연히 다른 이상(理想) 인격이 아님을 알 수 있다. 그렇다면 구태여 다른 명칭을 쓰는 까닭은 어디에 있을까? 그에 관해서는 잠시 후에 언급하기로 한다.

현인(賢人)

염유가 말했다. "선생님께서는 위 나라 임금을 도와주실까요?"

자공이 말했다. "좋습니다. 내가 여쭈어 보지요."

자공이 들어가 말했다. "백이와 숙제는 어떤 사람입니까?"

공자가 말했다. "옛날의 현인이다."

자공이 다시 말했다. "그들은 자신의 처지를 원망했을까요?"

공자가 말했다. "인을 추구해서 인을 얻었는데 또 무엇을 원망한단 말이냐?"

자공이 바깥으로 나와서 말했다. "선생님께서는 위 나라 임금을 돕지 않으실 것이오."

冉有曰, "夫子爲衛君乎?"
염유왈 부자위위군호

子貢曰, "諾. 吾將問之."
자공왈 낙 오장문지

入, 曰, "伯夷 叔齊何人也?"
입 왈 백이 숙제하인야

曰, "古之賢人也."
왈 고지현인야

曰, "怨乎?"
왈 원호

曰, "求仁而得仁, 又何怨."
왈 구인이득인 우하원

出, 曰, "夫子不爲也."
출 왈 부자불위야

〈술이〉

당시 위 나라 임금은 출공(出公)으로 공자에게 정치를 맡길 생각이 있었다. 그런데 출공은 왕위를 빼앗기지 않으려고 아버지의 귀국을 막은 그야말로 불효자식이었다. 이들 부자 사이의 갈등은, 출공의 아버지 태자 괴외가 할아버지 위령공의 애첩 남자를 죽이려다가 실패하고 송 나라로 망명했던 중에 위령공이 죽자, 손자인 출공이 왕이 되고, 괴외는 진(陳) 나라의 힘을 빌어서 위 나라로 들어오려던 바람에 일어난 것이었다. 어쨌든 효는 인의 근본이므로 불효는 인의 대적(大敵)이다. 그러니 출공은 불인한 자라고 하지 않을 수 없다.

한편 공자는 천하를 돌아다녔지만 이 무렵까지, 즉 말년에 이르기까지 변변한 벼슬자리를 구하지 못했다. 그래서 염유는 공자가 이번에는 혹시 다른 생각을 하고 있을지도 모른다고 생각했다. 그러자 자공이 에둘러 공자의 의향을 찔러 보았던 것이다. 그러나 역시 공자의 생각은 한 치도 변함이 없었다. 인을 목숨과 바꾼 백이와 숙제를 현자라고 칭찬하며, 인을 추구해서 인을 얻었는데 원망하고 후회할 일이 따로 있겠냐고 한 말을 보면 알 수 있다. 자공은 그 말에 공자가 평소의 소신을 접고 불인한 자를 도와줄 리는 결코 없을 것임을 알아차렸다. 여기서 공자는 백이와 숙제를 현인이라고 했는데, 그 까닭은 그들은 인을 추구해서 인을 얻은 자들이기 때문이다. 따라서 현인은 곧 인자와 다르지 않다고 볼 수 있다.

선인(善人)

자장이 선인의 도에 관해서 물었다. 공자가 말했다. "성인의 자취를 밟지 않고서는 역시 성인의 방에 들어갈 수 없다."

子張問善人之道. 子曰, "不踐迹, 亦不入於室."
자장문선인지도 자왈 불천적 역불입어실

〈선진〉

공자가 말했다. "'선인이 나라를 백 년 동안 다스리면 잔악한 행위를 억누르고 사형을 없앨 수 있다.'고 했는데, 참으로 옳도다, 그 말이여!"

子曰, "善人爲邦百年, 亦可以勝殘去殺矣. 誠哉是言也!"
자왈 선인위방백년 역가이승잔거살의 성재시언야

〈자로〉

주자의 주석에 따르면 선인은 타고난 본바탕이 훌륭하나 아직 배우지 못한 사람이라고 한다. 그래서 선인은 성인이 남긴 자취를 힘써 배워야만 그 경지에 이를 수 있다. 물론 선인은 본바탕만으로도 괜찮은 사람이라 백 년 동안 나라를 다스리면 좋은 결과를 볼 수 있다. 그러나 백 년은 오랜 세월이므로 너무 긴 시간이 걸린다고 하지 않을 수 없다. 이에 비해 성인은 빠른 시간 내에 그러한 업적을 이룰 수 있으므로 선인은 성인보다 아래에 속하는 단계임을 알 수 있다. 그런데 선인의 본바탕이 훌륭하다고 하는 것은 타고난 자질이 착하다는 뜻으로, 그것은 배우고 노력해서 습득한 것이 아니다. 그러므로 선인은 성인보다는 못하지만 노력해서 본바탕이 맑아지는 다른 이상적인 인격들, 현인이나 군자 등과는 궤를 달리하는 존재라고 볼 수 있다.

성인(成人)

자로가 성인에 대해서 물었다.

공자가 대답했다. "만일 장무중의 지혜와 공작의 무욕, 그리고 변장자의 용기와 염유의 재주를 갖추고, 그것을 예와 악으로 꾸민다면 이 또한 성인이라 할 수 있을 것이다."

공자가 덧붙였다. "오늘날의 성인이야 어찌 반드시 그렇겠는가? 이익이 눈앞에 보이면 의를 생각하고, 위태로운 상황을 보면 목숨을 바치며, 오랫동안 곤궁하게 지낸다 해도 평소에 하던 말을 잊지 않는다면, 또한 성인이라고 할 수 있을 것이다."

子路問成人.
자로문성인

子曰, "若臧武仲之知, 公綽之不欲, 卞莊子之勇, 冉求之藝, 文之以
자왈　약장무중지지　공작지불욕　변장자지용　염구지예　문지이

禮樂, 亦可以爲成人矣."
례악　역가이위성인의

曰, "今之成人者何必然? 見利思義, 見危授命, 久要不忘平生之言,
왈　금지성인자하필연　견리사의　견위수명　구요불망평생지언

亦可以爲成人矣."
역가이위성인의

〈헌문〉

《논어》에서 '성인'이라는 말이 사용된 것은 이 장밖에 없다. 주자에 따르면 여기서의 성인은 완전한 인격을 갖춘 사람인 전인을 가리킨다. 성인은 사욕이 없어야 하고, 지(智)와 용(勇)과 예(藝)를 갖추되, 그것을 밖으로 드러낼 때는 예와 악으로 꾸밀 줄 알아야 한다. 이것은 곧 군자의 풍채를 가리키는 말이다. 그리고 공자가 다음에 덧붙인 말은 앞서 자장이 선비를 언급할 때 거론한 내용과 거의 다르지 않다. 따라서 성인은 군자나 선비와 다름 아닌 존재임을 알 수 있다. 다만 덕행을 이루었다는 의미를 강조하기 위해서 굳이 성인이라는 말을 썼다고 하는 주장이 있다.

대인(大人)

공자가 말했다. "군자에게는 세 가지 두려움이 있다. 천명을 두려워하고, 대인을 두려워하며, 성인의 말씀을 두려워한다. 소인은 천명을 모르기에 두려워하지 않고, 대인을 함부로 대하며, 성인의 말씀을 업신여긴다."

孔子曰, "君子有三畏, 畏天命, 畏大人, 畏聖人之言. 小人不知天命而不畏也, 狎大人, 侮聖人之言."
공자왈 군자유삼외 외천명 외대인 외성인지언 소인부지천명 이불외야 압대인 모성인지언

〈계씨〉

'대인'이라는 말 역시 《논어》에서 이 장에서만 등장한다. 대인에 대해서는 성인(聖人)과 다름없다는 주장과 천자나 제후와 같이 신분이 높은 사람을 가리킨다는 주석이 있다. 그런데 후자는 이상적인 인격과는 관계가 없으므로 아무래도 전자로 해석하는 것이 옳다고 본다. 또한 다음의 인용문도 그러한 해석을 지지해 주고 있다.

공자가 말했다. "위대하도다, 요의 임금 노릇하심이여! 높고 크도다! 오직 하늘만이 광대하거늘 다만 요 임금만이 그와 같으셨으니. 넓디넓도다! 백성들이 무어라 형용할 수도 없었으니. 높고 크

도다! 그가 이룩한 공업이여. 빛나도다, 그가 이룩한 문물제도여!"

子曰, "大哉堯之爲君也! 巍巍乎! 唯天爲大, 唯堯則之. 蕩蕩乎! 民
자왈 대재요지위군야 외외호 유천위대 유요칙지 탕탕호 민

無能名焉. 巍巍乎! 其有成功也. 煥乎, 其有文章!"
무능명언 외외호 기유성공야 환호 기유문장

〈태백〉

요 임금은 순 임금과 더불어 성인의 대명사라고 할 수 있다. 그를 찬탄하는 데 '대(大)'라는 말을 사용하고 있으므로, 대인은 곧 성인을 가리키는 말이라고 보아도 큰 무리는 없다. 이때 대인은 성인이 이룩한 위대한 업적을 강조해서 붙인 이름이라고 볼 수 있다.

성인(聖人)

자로가 군자에 대해 물었다.

공자가 말했다. "경건한 마음으로 자기 수양을 하는 사람을 말한다."

자로가 다시 물었다. "그 정도가 전부입니까?"

공자가 말했다. "스스로를 닦아서 다른 사람들을 편안하게 해 준다."

자로가 또 물었다. “그게 전부입니까?”

“스스로를 닦아서 만백성들을 편안하게 하는 것이다. 그렇게 하는 것은 저 요 임금과 순 임금이라도 어려워했던 일이다.”

子路問君子.
자 로 문 군 자

子曰, “修己以敬.”
자 왈 수 기 이 경

曰, “如斯而已乎?”
왈 여 사 이 이 호

曰, “修己以安人.”
왈 수 기 이 안 인

曰, “如斯而已乎?”
왈 여 사 이 이 호

曰, “修己以安百姓. 修己以安百姓, 堯舜其猶病諸!”
왈 수 기 이 안 백 성 수 기 이 안 백 성 요 순 기 유 병 저

〈헌문〉

자공이 말했다. “만약 널리 백성들에게 은혜를 베풀고 많은 사람을 구제할 수 있다면 어떻습니까? 인하다고 할 수 있겠습니까?”

공자가 말했다. “어찌 인하다고 할 뿐이겠느냐? 반드시 성스럽다 하리라! 요 임금이나 순 임금도 그렇게 하는 것을 어렵게 여겼을 것이다. 무릇 인한 사람은 자기가 서고자 하면 남도 세워 주고, 자기가 두루 통하고 싶으면 남도 두루 통하게 해 준다. 가까운 자기 몸을

예로 삼아 남의 처지를 가늠해 볼 수 있다면, 그것이야말로 인을 실천하는 올바른 방법이라 할 수 있을 것이다."

子貢曰, "如有博施於民而能濟衆, 何如? 可謂仁乎?"
자공왈 여유박시어민이능제중 하여 가위인호

子曰, "何事於仁, 必也聖乎! 堯舜其猶病諸! 夫仁者, 己欲立而立人,
자왈 하사어인 필야성호 요순기유병저 부인자 기욕립이립인

己欲達而達人. 能近取譬, 可謂仁之方也已."
기욕달이달인 능근취비 가위인지방야이

〈옹야〉

첫 번째 인용문의 "스스로를 닦아서 만백성을 편하게 하는 것"은 요순과 같은 성인의 경지고, 그것이 곧 군자의 최고 단계라는 것을 알 수 있다. 두 번째 인용문의 "널리 백성들에게 은혜를 베풀고 많은 사람을 구제한다."는 것 역시 성인의 경지고, 바로 그것은 뒤이어 등장하는 말로 비추어 인자의 최고 단계임을 짐작할 수 있다. 따라서 성인은 군자, 그리고 인자와 그 본질상 다를 바가 전혀 없다. 다만 그 혜택이 미치는 정도, 즉 범위가 다를 따름이다. 성인의 경지에 이르면 그 혜택이 일신의 주변부에 그치는 것이 아니라 나라 또는 천하 전체에 미치게 된다. 성인은 이렇게 남달리 혁혁한 성과가 있어야 비로소 그 이름을 얻게 되는 것이다. 그러나 덕의 측면에서 보면 어디까지나 사람을 사랑하는 인자이자, 바깥으로 드러나는 풍채로

보면 본바탕[질(質)]과 꾸밈[문(文)]을 겸비한 군자다. 거의 같은 내용을 가진 이상 인격을 두고 그처럼 여러 가지 호칭으로 부르게 된 까닭이 여기에 있다. 그런데 한 가지 재미있는 것은 성인이라는 호칭은 살아 있는 사람에게는 거의 쓰는 법이 드물다는 사실이다. 왜 그럴까?

자유가 말했다. "자하의 제자들은 집안을 청소하고, 손님을 접대하며, 어른 앞에서 나아가고 물러나는 것과 같은 일을 하면서는 제법 괜찮은 편이지만, 그것은 지엽적인 일일 따름이다. 근본이 없으니 이를 어찌하랴?"

자하가 그 말을 듣고 말했다. "아! 자유의 말은 잘못된 것이다! 군자의 도 가운데 어느 것을 먼저라고 해서 전하고, 어느 것을 나중이라고 해서 게을리하겠는가? 이는 초목에 비유하자면 종류에 따라 구분하여 기르는 것과 같다. 군자의 도를 어찌 왜곡할 수 있겠는가? 처음과 끝을 겸비한 이는 오직 성인뿐이리라!"

子游曰, "子夏之門人小子, 當灑掃應對進退, 則可矣. 抑末也, 本之
자유왈 자하지문인소자 당쇄소응대진퇴 즉가의 억말야 본지

則無. 如之何?"
즉무 여지하

子夏聞之曰, "噫! 言游過矣! 君子之道, 孰先傳焉? 孰後倦焉? 譬諸
자하문지왈 희 언유과의 군자지도 숙선전언 숙후권언 비저

草木, 區以別矣. 君子之道, 焉可誣也? 有始有卒者, 其惟聖人乎!"
초목 구이별의 군자지도 언가무야 유시유졸자 기유성인호

〈자장〉

이 인용문은 공자의 서거 이후 그 가르침이, 처음 전해 받은 제자들에 의해 각기 다른 방법으로 전수되기 시작했음을 보여 주는 대목으로 잘 알려져 있다. 말하자면 자하는 제자들에게 일상적인 예절을 먼저 가르쳤고, 자유는 심오한 학문의 이치에 중점을 두었던 것으로 보인다. 자유는 자기의 방법은 근본적인 것을 다루므로 옳고, 자하의 그것은 지엽적인 것을 다루므로 틀렸다고 생각했다. 그러나 자하의 생각은 달랐다. 초목을 그 종류에 따라 구분하여 심어서 기르는 것과 마찬가지로 입문자들의 수준에 맞추어 처음에는 쉬운 예절을 먼저 가르치고, 심오한 학문의 이치는 때를 기다려 가르치려는 것이지 아예 가르치지 않으려 하는 것이 아니므로, 도리어 자유의 입장이 섣부른 것이라고 보았다. 그래서 자신은 군자의 도를 왜곡한 일이 없다고 말했던 것이다. 그리고 덧붙이기를 근본과 말단을 골고루 취하여 가르칠 수 있는 이는 성인뿐이라고 했는데, 여기서 성인은 바로 공자를 지칭하는 말이다.

공자가 앞서 "성이니 인이니 하는 경지를 내 어찌 감당하랴?"고 말한 적이 있듯, 그는 생전에 스스로를 성인이라 일컬은 적은 결코 없었고, 제자들 역시 마찬가지였던 것으로 보인다. 성인은 이상적

인격의 최고 경지, 즉 쉽게 말하자면 결점이 하나도 없는 완벽한 인격을 갖춘 사람이므로 아무래도 살아 있는 사람에게 사용하기에는 좀 버거운 측면이 있다. 공자가 성인으로 자주 지칭했던 요 임금과 순 임금도 당대의 인물이 아닌 먼 옛날 사람들이었음은 두말할 것도 없다.

3. 이상적인 인격에 도달하려면 어떻게 해야 하는 것일까

지금까지 우리는 《논어》에서 이상적인 인격을 지칭하는 데 쓰인 여러 가지 명칭을 빠짐없이 살펴보았다. 그리고 여러 가지 명칭이 있음에도 불구하고 그 내용은 한결같이 '인에 뜻을 두고 인을 구현해서 인을 실천하는 것'임을 알게 되었다. 따라서 이러한 내용을 갖춘 이를, 《논어》에서 가장 많이 등장하는 이상적인 인격의 호칭인 군자로 뭉뚱그려 불러도 별다른 무리는 없다. 물론 학자에 따라서는 여러 호칭의 모든 용례를 살펴서 그 차이를 지적하고, 그 고하(高下)를 논하는 경우도 있기는 하지만, 공자 당시에는 오늘날처럼 어떤 용어를 분명히 한정해서 사용하는 일이 일반화되어 있지 않았기에, 굳이 그렇게 하는 것은 적어도 지금으로서는 사족을 다는 수고로움 또는 번거로움이라 하지 않을 수 없다.

그러면 이제 군자가 되는 길을 살펴볼 차례인데, 그 자세한 내용은 이어질 제3부 《논어》의 실천론에서 조목조목 전개될 것이다. 따라서 여기서는 대강만을 짚고 넘어가기로 하자.

삼계(三戒)

공자가 말했다. "군자에게는 경계할 것이 세 가지 있다. 젊었을 때는 혈기가 아직 안정되지 않았으니 여색을 경계해야 하고, 장성해서는 혈기가 왕성해지므로 싸움을 경계해야 하며, 늙어서는 혈기가 쇠약해지므로 탐심을 경계해야 한다."

孔子曰, "君子有三戒, 少之時, 血氣未定, 戒之在色; 及其壯也, 血
공자왈 군자유삼계 소지시 혈기미정 계지재색 급기장야 혈

氣方剛, 戒之在鬪; 及其老也, 血氣旣衰, 戒之在得."
기방강 계지재투 급기로야 혈기기쇠 계지재득

〈계씨〉

혈기는 왕성하나 아직 자제력이 부족할 때 이성에 눈뜨면 헤어나기가 어렵다. 공부고 뭐고 눈에 들어오지 않는 법이니 이를 조심해야 한다. 장년기가 되면 나름대로의 삶의 틀이 확립된다. 이때 그 틀이 다른 사람과 부딪치면 양보하고 이해하려 하기보다는 자기 것을 강요하다 싸움이 일어나는 수가 많다. 심지어 목숨까지 잃는 경우도 있

으므로 융통성을 가져야 할 필요가 있다. 늙으면 외모는 초라해지고 기운이 없어 놀고자 해도 뜻대로 되지 않는다. 그러니 남에게 과시할 것이라곤 재물이나 명예밖에 남지 않는 것이다. 자기가 다 쓰지도 못할 거면서 움켜잡고 풀려고 하지 않으니 인심을 잃기 십상이다. 그러므로 어처구니없는 욕심은 버리면 좋고 최소한 줄일 줄이라도 알아야 한다. 이렇게 삼계는 군자가 인생의 각 단계에서 특히 조심해야 할 사항을 지적한 말이다.

삼외(三畏)

공자가 말했다. "군자에게는 세 가지 두려움이 있다. 천명을 두려워하고, 대인을 두려워하며, 성인의 말씀을 두려워한다. 소인은 천명을 모르기에 두려워하지 않고, 대인을 함부로 대하며, 성인의 말씀을 업신여긴다."

孔子曰, "君子有三畏, 畏天命, 畏大人, 畏聖人之言. 小人不知天命
공자왈 군자유삼외 외천명 외대인 외성인지언 소인부지천명

而不畏也, 狎大人, 侮聖人之言."
이불외야 압대인 모성인지언

〈계씨〉

'외'는 엄하게 여겨 지키지 못할까 봐 두려워하는 것이다. 군자는 하늘이 부여한 도덕의 원리와 성인이 남긴 업적, 그리고 그 가르침을 지키지 못할까 봐 두려워함으로써 늘 자신의 행동을 점검하고 반성할 줄 알아야 한다.

구사(九思)

공자가 말했다. "군자는 생각해야 할 것이 아홉 가지 있다. 볼 때는 분명하게 보기를 생각하고, 들을 때는 똑똑하게 듣기를 생각하고, 표정은 온화하게 할 것을 생각하며, 용모는 공손하기를 생각하고, 말할 때 성실할 것과 일할 때 신중할 것을 생각하고, 의심날 때는 물을 것을 생각하고, 화가 날 때는 그 결과로 인한 어려움을 생각하며, 얻는 것이 있으면 의로운 것인가를 생각한다."

孔子曰, "君子有九思, 視思明, 聽思聰, 色思溫, 貌思恭, 言思忠, 事思敬, 疑思問, 忿思難, 見得思義."
공자왈 군자유구사 시사명 청사총 색사온 모사공 언사충 사사경 의사문 분사난 견득사의

〈계씨〉

바로 앞 대목에서 자유와 자하는 군자의 도를 두고 근본과 말단을 언급한 일이 있다. 거기서 군자의 도란 인을 터득하는 방법을 뜻한다. 근본적인 방법은 사리를 잘 따져서 사람의 본성을 확실히 밝혀내는 것이고, 말단적은 방법은 몸과 마음을 경건하게 유지해서 인을 해치는 요소를 솎아 내는 것이다. 구사 가운데 분명하게 보고, 똑똑하게 듣고, 성실하게 말하고, 의심나는 것을 묻고, 얻는 것이 있을 때 의로운 것인가를 생각하는 것이 전자에 속한다. 그리고 표정을 온화하게 하고, 용모는 공손하게 하고, 일을 신중히 하며, 화가 나려고 할 때는 그 결과로 인한 어려움을 생각해서 화내지 않는 것은 후자에 속한다. 자유와 자하는 어느 한쪽에 치중한 감이 있지만, 역시 공자는 양쪽을 모두 아울러 가르쳤던 것이다.

군자가 되려고 하는 이는 지금 본 대로 삼계를 통해 기틀을 잡고, 삼외를 통해 수시로 자기를 점검하고, 구사를 통해 모든 일상생활을 수양의 방편으로 삼아야 한다. 이렇듯 본성을 끊임없이 갈고 닦아 인을 확실히 구현하고 실천하면 명실상부하게 군자를 이루는 것이다.

《논어》의

|제3부| 실천론

論語

1. 위학(爲學)

위학은 배운다는 말이다. 흔히 배운다는 말은 어떤 지식이나 기술을 습득한다는 뜻으로 사용된다. 그런데 공자는 거기에 또 하나의 의미를 덧붙이고 있다. 그리고 그것이 함께 있어야 비로소 참다운 배움이 이루어질 수 있다고 말한다. 이제 그 내용을 하나씩 살펴보자.

위학의 목적

공자가 말했다. "옛날의 배우는 자들은 자기를 위했는데, 오늘날의 배우는 자들은 남을 위한다."

子曰, "古之學者爲己, 今之學者爲人."
자왈　고지학자위기　금지학자위인

〈헌문〉

공자는 《논어》의 〈술이〉 편에서 "옛것을 믿고 좋아한다[신이호고(信而好古)]."라고 말한 적이 있다. 따라서 그의 어법에서 옛날과 오늘날은 바람직한 것과 그렇지 못한 것을 가리킨다고 볼 수 있다. 다시 말하자면 공자는 위학, 즉 배움의 목적은 자기를 위하는 것이어야 마땅하다고 말한 셈이다.

그렇다면 자기를 위한다고 하는 것은 무슨 뜻일까? 정자의 주석에 따르면 그것은 "자기 몸에 얻어 지니고자 하는 것"이다. 다시 말해 도를 자신의 몸에 구현하는 것, 즉 인의 실현이며 요즘말로 하자면 인격의 완성을 도모한다는 뜻이다. 이에 반해 남을 위한다고 하는 것은 "남에게 보이기 위한 것"이라고 한다. 그것은 남의 눈에 들어 인정을 받거나 고용되기 위함이라는 뜻으로 인격의 완성과는 거리가 먼 이야기다. 여기에서 배움은 밥벌이나 출세를 위한 하나의 수단에 그치고 만다.

자하가 말했다. "모든 기술자들은 작업장을 떠나지 않고 꾸준히 일함으로써 자기가 도모하는 일을 성취하고, 군자는 배움으로써 자기가 추구하는 도를 이룬다."

子夏曰, "百工居肆以成其事, 君子學以致其道."
자하왈　백공거사이성기사　군자학이치기도

〈자장〉

기술자가 어떤 일을 완성하려면 반드시 작업장에 있어야만 한다. 그곳에 일에 필요한 모든 도구와 설비가 마련되어 있기 때문이다. 마찬가지로 군자가 자신이 도모하는 도를 이루고자 한다면 배우지 않고서는 다른 도리가 없다. 자하의 말을 통해서도 우리는 배움의 목적은 도의 구현임을 알 수 있다.

공자가 말했다. "군자는 도를 도모하지 먹을 것을 도모하지 않는다. 농사를 짓는다 해도 그 가운데 굶주리는 일이 있을 수 있고, 학문을 닦고서도 그 가운데 녹봉이 있을 수 있는 것이다. 군자는 도를 염려하지 가난을 염려하지 않는다."

子曰, "君子謀道不謀食. 耕也, 餒在其中矣; 學也, 祿在其中矣. 君子憂道不憂貧."
자왈 군자모도불모식 경야 뇌재기중의 학야 녹재기중의 군자우도불우빈

〈위령공〉

군자가 배울 때 늘 염두에 두는 것은 오로지 자기가 추구하는 도일 따름이다. 앞서 말한 밥벌이나 출세를 염려하는 일은 없다. 염려한다고 해서 반드시 그것이 이루어지리라는 보장도 없기 때문이다. 목구멍이 포도청이라 해서 열 일 제쳐 두고 직접적으로 식량을 얻는 일,

즉 농사를 짓는다 해도 가뭄이 들어 입에 풀칠조차 하기 힘든 경우를 당할 수 있다. 도리어 배움의 본래 목적을 늘 염두에 두고 정진하다 보면 벼슬을 얻음으로써 녹봉을 받는 경우가 생길 수도 있다. 다시 말해 밥벌이를 도모한다고 해도 굶는 수가 있으며, 오로지 배움에 힘쓴다고 해도 반드시 굶게 되는 것은 아니라는 말이다. 그러므로 군자는 배움에 임해 다만 도의 구현 여부를 걱정할 따름이지 빈부나 출세를 염두에 두지 않는다.

공자는 이렇게 배움이 밥벌이나 출세의 수단으로 전락하는 것을 무척 경계했다. 공자에게 배움은 자기를 위한 것, 즉 도를 자신 속에 구현하는 것이기 때문에 후대에 와서 그것을 특별히 '위기지학(爲己之學)'이라는 말로 부르기도 한다.

위학의 내용

공자는 네 가지로 가르쳤으니 문헌과 덕행과 충성과 신의가 그것이다.

子以四敎, 文, 行, 忠, 信.
자이사교 문 행 충 신

〈술이〉

공자가 말했다. "젊은이는 집에 들어가서는 효도하고, 밖에 나가서는 공손해야 하며, 행실을 삼가고 말을 믿음직스럽게 할 것이며, 널리 여러 사람을 사랑하고 인한 이를 가까이 해야 한다. 이렇게 하고도 남는 힘이 있으면 글을 배워야 한다."

子曰, "弟子入則孝, 出則弟, 謹而信, 汎愛衆而親仁. 行有餘力, 則
자왈 제자입즉효 출즉제 근이신 범애중이친인 행유여력 즉

以學文."
이학문

〈학이〉

공자의 생각을 따르면 배움의 목적이 도의 구현이자 인의 실현인 이상, 그 구체적인 내용은 그것을 이루기 위해 여러 가지 덕목을 하나하나 갖추어 나가는 것, 즉 수신(修身) 또는 수양이 우선될 수밖에 없다. 아니나 다를까? 공자가 제자들에게 제시한 네 가지 교육 과정을 보면 수신에 해당되는 항목이 세 가지나 된다. 그리고 다음 인용문을 보면 효도와 공손을 비롯한 여러 가지 덕목을 갖추고 나서, 다시 말해 수신에 먼저 힘쓰고 그래도 여력이 있으면 글을 배워야 한다면서 역시나 수신을 우선시하고 있다. 쉽게 말하자면 배움은 사람됨을 배우는 것이 먼저고, 글이나 지식을 배우는 것은 그 다음이라는 소리다. 여기서 '글[문(文)]'은 단순히 '문자'를 가리키는 말이 아

니고, 주자에 따르면 '시서(詩書)와 육예의 문헌'으로 앞의 인용문에 나오는 '문헌'과 같은 뜻이다. 그렇다면 이러한 문헌을 통해서 공자가 가르치고자 했던 것, 그리고 동시에 제자들이 배워야 했던 것은 무엇일까?

공자가 말했다. "너희들은 어째서 《시경》을 배우지 않느냐? 《시경》을 배우면 감흥을 일으킬 수 있고, 사물을 살펴볼 수 있으며, 무리와 어울릴 수 있고, 원망을 온건하게 풍자할 수 있다. 그리고 가까이는 어버이를 섬길 수 있고, 멀리는 임금을 섬길 수 있으며, 새와 짐승, 풀과 나무의 이름을 많이 알게 된다."

子曰, "小子! 何莫學夫詩? 詩, 可以興, 可以觀, 可以群, 可以怨. 邇
자왈 소자 하막학부시 시 가이흥 가이관 가이군 가이원 이

之事父, 遠之事君. 多識於鳥獸草木之名."
지사부 원지사군 다식어조수초목지명

〈양화〉

《시경》은 공자가 제자들에게 가르쳤다고 하는 문헌 가운데 하나다. 공자는 이러한 문헌을 배우면 삶에 필요한 구체적인 여러 가지 지식을 얻을 수 있다고 말하고 있다. 공자가 예부터 전해오는 문헌들을 통해 가르치고자 했던 것은 바로 이것이다. 그러므로 우리는 공자

가 구체적인 지식의 습득, 즉 학문과 수신을 배움의 내용으로 삼았다는 것을 알 수 있다.

번지가 곡식을 재배하는 방법을 배우고자 청했다.

공자가 말했다. "나는 노련한 농부만 못하다."

번지가 나시 채소를 기르는 법을 배우고자 청했다.

공자가 말했다. "나는 노련한 원예사만 못하다."

번지가 나가자 공자가 말했다. "번지는 소인이로다! 윗사람이 예의를 좋아하면 백성들 가운데 감히 공경하지 않는 이가 없을 것이고, 윗사람이 의를 좋아하면 백성들 가운데 감히 복종하지 않은 사람이 없을 것이며, 윗사람이 신의를 좋아하면 백성들 가운데 감히 정성을 다하지 않는 이가 없을 것이다. 이렇게 되면 사방의 백성들이 자식을 포대기에 싸서 업고 찾아올 것인데, 어찌 굳이 곡식 심을 필요가 있단 말이냐?"

樊遲請學稼.
번 지 청 학 가

子曰, "吾不如老農."
자 왈 　 오 불 여 로 농

請學爲圃.
청 학 위 포

曰, "吾不如老圃."
왈 　 오 불 여 로 포

樊遲出. 子曰, "小人哉, 樊須也! 上好禮, 則民莫敢不敬; 上好義, 則
번지출 자왈 소인재 번수야 상호례 즉민막감불경 상호의 즉

民莫敢不服; 上好信, 則民莫敢不用情. 夫如是, 則四方之民襁負其子而
민막감불복 상호신 즉민막감불용정 부여시 즉사방지민강부기자이

至矣, 焉用稼?"
지의 언용가

〈자로〉

번지가 실용적인 기술을 배우려고 청했다가 거절당하고 급기야 꾸지람을 듣게 된 이 대목을 두고, 공자가 말하는 위학은 실용적인 지식이나 기술과는 거리가 멀고 다만 인격의 수양에만 관련된 것이라고 생각하는 사람이 있을지도 모르겠다. 그러나 공자가 그렇게 했던 까닭은 실용적인 지식이나 기술이 본래 위학의 내용이 될 수 없는 것이었기 때문이 아니라 이른바 '공자 학당'은 장차 정치에 종사할 인재, 즉 군자를 키워 내는 곳이었고, 번지의 요청은 그곳의 교육 과정과는 동떨어진 것이라고 보았기 때문이다. 여기서 소인이란 대인인 군자에 대비되는 일반 서민을 지칭하는 말이다. 아마도 번지가 공자의 교육 과정에 포함되어 있는 문헌이나 정치에 관한 일을 배우고자 했다면 공자는 잠시 후 〈위정〉의 항목에서 보게 되듯 자상히 설명해 주었을 것이다.

그런데 그 다음에 이어지는 공자의 말을 곱씹어 보면 장차 정치에 종사할 인재들이라 해도 우선으로 배워야 하는 것은 정치의 기술이

나 지식이 아니라 수신임을 알 수 있다. 수신을 통해 예, 의, 신과 같은 인의 덕목을 구현하면 자잘한 정치의 기술이나 지식을 따로 배우지 않는다 해도, 사방의 백성들이 자식을 포대기에 싸서 업고 몰려올 정도로 정치가 잘 이루어질 것이고, 그렇게 되면 위정자가 굳이 농사를 짓지 않는다 해도 먹을 양식을 걱정할 일은 없을 것이다. 왜냐하면 백성들이 위정자를 공경하고 복종하며 정성을 다해, 농사 등의 생업에 종사할 것이기 때문이다. 이것이 바로 군자 또는 위정자가 추구해야 마땅할 '실용 노선'이다. 그에 비해 번지가 추구하고자 했던 것은 다만 개인적인 차원, 즉 소인의 실용 노선이라 할 수 있는 것이었기에 공자는 번지의 요청을 완곡히 거절하다 못해 급기야 꾸지람까지 하게 된 것이다.

자하가 말했다. "비록 작은 기술이라 해도 반드시 볼 만한 점이 있을 테지만, 너무 깊이 빠져 들면 발을 뺄 수 없게 될까 두렵다. 그러므로 군자는 그런 일을 추구하지 않는다.

子夏曰, "雖小道, 必有可觀者焉; 致遠恐泥, 是以君子不爲也."
자하왈 수소도 필유가관자언 치원공니 시이군자불위야

〈자장〉

여기서 소도, 즉 작은 기술은 주자의 주석에 따르면 농사나 원예 그리고 의술과 점술 같은 것이라고 한다. 이것들은 실용적인 면에서 중요한 것이기는 하지만, 그것만을 배우고 깊이 추구하다 보면 앞서 말한 군자 또는 위정자의 실용 노선에 도리어 지장을 초래할 수도 있다. 따라서 군자는 작은 기술의 효능을 인정하기는 하지만 따로 깊이 추구하지는 않는다. 다시 말해 군자의 배움의 내용은 작은 기술에 한정되어서는 안 된다는 뜻이다.

위학의 중요성

공자가 말했다. "군자가 진중하지 않으면 위엄이 없고, 배우면 고루하지 않게 된다. 충성과 신의를 위주로 삼고, 자기만 못한 사람을 벗으로 사귀지 않으며, 허물이 있으면 곧 고치기를 꺼려하지 않는다."

子曰, "君子不重則不威, 學則不固. 主忠信. 無友不如己者. 過則勿
자왈　군자부중즉불위　학즉불고　주충신　무우불여기자　과즉물

憚改."
탄개

〈학이〉

공자가 아들인 백어에게 말했다. "너는 《시경》의 〈주남(周南)〉과 〈소남(召南)〉 두 편을 배웠느냐? 사람이 〈주남〉과 〈소남〉 두 편을 배우지 않으면 마치 담벼락을 마주 보고 서 있는 것과 다름없으리라."

子謂伯魚曰, "女爲周南召南矣乎? 人而不爲周南召南, 其猶正牆面而立也與?"
자위백어왈 여위주남소남의호 인이불위주남소남 기유정장면 이립야여

〈양화〉

공자가 말했다. "내가 일찍이 종일토록 먹지 않고 밤새도록 자지 않으면서 생각에 잠겨 보았으나, 아무런 도움도 되지 않았다. 배우는 데 힘쓰는 것보다 못했다."

子曰, "吾嘗終日不食, 終夜不寢, 以思, 無益, 不如學也."
자왈 오상종일불식 종야불침 이사 무익 불여학야

〈위령공〉

앞서 살펴본 바에 따르면 공자가 제시한 배움의 내용은 옛 문헌을 통해 전해진 구체적인 지식의 습득, 즉 학문과 수신이었다. 그리고 지금까지의 인용문은 주로 수신을 강조하는 것이었다. 수신이 전제되지 않는 지식의 습득은 잘해야 개인적인 차원의 밥벌이에 그칠 따

름이고, 그렇지 않으면 도리어 남에게 피해를 줄 수 있기 때문이다. 오늘날 수신과는 상관없이 지식의 습득만을 평가 대상으로 하는 시험에 합격한 전문직 종사자들의 이기적인 행태를 떠올리면 금방 수긍이 갈 것이다. 그렇다고 해서 공자가 구체적인 지식의 습득을 다만 부차적인 것에 지나지 않는 것으로만 여긴 것은 아니었다. 왜냐하면 구체적인 여러 지식을 습득하지 않으면, 다시 말해 좁은 의미의 배움, 즉 학문을 소홀히 하면, 낡은 습관에 젖어 고집이 세고 융통성이 없는 사람이 되기 십상이기 때문이다. 때문에 《시경》을 배우는 등 학문에 힘쓰지 않으면 사리에 어둡게 되고, 마치 담벼락을 마주 보고 서 있는 사람처럼 앞으로 더 나아갈 방도가 없다. 이렇게 되면 침식을 잊고 궁리를 한다 해도 뾰족한 수가 나올 리 없다. 새로운 정보 또는 지식을 습득하지 않고서는 새로운 생각이 떠오를 리 없는 것은 당연지사이기 때문이다. 그러므로 아무런 이익도 없고, 다만 배우는 데 힘쓰느니만 못하다는 것이다.

공자가 말했다. "자로야, 너는 육언과 육폐에 관해서 들어본 적이 있느냐?"

자로가 대답했다. "아직 듣지 못했습니다."

"앉아라. 내가 너에게 말해 주마. 인을 좋아하면서 배우기를 싫어하면 그 폐단은 어리석어지는 것이고, 지혜를 좋아하면서 배우기를 싫어하면 그 폐단은 방탕해지는 것이다. 신의를 좋아하면서 배우기를 싫어하면 그 폐단은 자신을 해치는 것이고, 올곧기를 좋아하면서 배우기를 싫어하면 그 폐단은 가혹해지는 것이다. 용감함을 좋아하면서 배우기를 싫어하면 그 폐단은 난폭해지는 것이며, 굳세기를 좋아하면서 배우기를 싫어하면 그 폐단은 무모해지는 것이다."

子曰, "由也, 女聞六言六蔽矣乎?"
자왈 유야 여문육언육폐의호

對曰, "未也."
대왈 미야

"居! 吾語女. 好仁不好學, 其蔽也愚; 好知不好學, 其蔽也蕩; 好信不好學, 其蔽也賊; 好直不好學, 其蔽也絞; 好勇不好學, 其蔽也亂; 好剛不好學, 其蔽也狂."
거 오어여 호인불호학 기폐야우 호지불호학 기폐야탕 호신불호학 기폐야적 호직불호학 기폐야교 호용불호학 기폐야란 호강불호학 기폐야광

〈양화〉

'육언'은 인(仁), 지(知), 신(信), 직(直), 용(勇), 강(剛)의 여섯 가지 미덕을 가리키는 말이다. '육폐'는 여섯 가지 폐단으로 우(愚), 탕(蕩), 적(賊), 교(絞), 난(亂), 광(狂)을 가리킨다. 이 육언과 육폐는 정반대의 것으로 마치 서로 멀리 떨어져 있는 별개인 것처럼 보이지만, 사실은

그렇지 않다. 배우기를 싫어하면 육언은 곧 육폐로 전락해 버리고 말기 때문이다. 여기에서의 배움 역시 학문을 말한다. 다시 말해 구체적인 여러 가지 지식을 습득하는 일을 게을리하면 사리에 어둡게 됨으로써, 급기야 이미 갖고 있던 미덕마저 악덕으로 변질되고 만다는 것이다. 예를 들어 신의를 지키는 것만 능사로 알고 배우기를 싫어하면 사리에 어두워져 옳지 못한 일에도 거리낌 없이 나서다가, 결국 스스로를 해치는 일을 당할 수도 있다. 그러므로 배움에 임하는 이는 수신을 통해 인을 구성하는 여러 가지 덕목을 갖추되 구체적인 지식의 습득을 게을리하지 말아야 그 덕목들을 제대로 지킬 수 있게 된다. 이렇게 볼 때 수신과 학문은 서로 떨어질 수 없는 사이이다. 그리고 그 둘이 긴밀한 관계를 유지할 때 넓은 의미의 배움, 즉 넓은 의미의 위학이 이루어지게 되는 것이다.

위학의 자세와 방법

공자가 말했다. "군자가 먹는 데 배부르기를 구하지 않고, 거주함에 편안하기를 구하지 않으며, 일을 함에는 민첩하고 말을 함에는 신중하며, 도를 체득한 사람에게 나아가 자기를 바로잡는다면 배우기를 좋아한다고 할 만하다."

子曰, "君子食無求飽, 居無求安, 敏於事而愼於言, 就有道而正焉,
자왈 군자식무구포 거무구안 민어사이신어언 취유도이정언

可謂好學也已."
가위호학야이

〈학이〉

자하가 말했다. "나날이 자기가 모르는 것을 알아 가고, 다달이 자기가 잘 아는 것을 잊지 않는다면, 배우기를 좋아한다고 할 만하다."

子夏曰, "日知其所亡, 月無忘其所能, 可謂好學也已矣."
자하왈 일지기소무 월무망기소능 가위호학야이의

〈자장〉

배우기를 좋아한다는 말은 배우기를 잘한다, 배우기를 제대로 한다는 것과 뜻이 통한다. 공자가 보기에 배우기를 제대로 하는 것은 다만 도에 뜻을 두고 그것을 구현하려고 노력하는 것이다. 그렇기에 배부름과 편안함을 추구하는 일에 관심을 두지 않는 것이다. 배우기를 제대로 하는 이는 오로지 자신의 덕행에 부족함이 없나 하고 염려하기에 게으름을 피우는 일도 없고, 무엇보다 말이 행동보다 앞서는 것을 경계한다. 또한 설령 늘 이렇게 행한다 해도 스스로 옳다며 자만하지 않고, 이미 도를 체득한 스승 또는 선배를 찾아가 끊임없이 반성하고 스스로를 바로잡는다.

여기서 공자가 말하는 위학의 자세는 주로 수신에 역점을 두고 있다. 이에 비해 자하는 좁은 의미의 위학, 즉 학문을 제대로 하는 방법을 말한다. 그것은 곧 매일 새로운 정보와 지식을 습득하고, 매달 그동안 습득한 것을 잊지 않으려 애쓰는 것이다. 다시 말해 나날이 새로운 것을 알아가고[지신(知新)], 다달이 옛것을 잊지 않도록 익히는 것[온고(溫故)]이다. 그러니까 자하의 방법론은 우리가 익히 들어온 온고지신과 다름없다.

자하가 말했다. "널리 배우고 그 뜻을 돈독하게 하며, 절실하게 묻고 가까운 문제부터 생각해 나간다면 인이 그 가운데 있다."

子夏曰, "博學而篤志, 切問而近思, 仁在其中矣."
자하왈 박학이독지 절문이근사 인재기중의

〈자장〉

공자가 말했다. "알려고 분발하지 않으면 깨우쳐 주지 않으며, 말하려고 애쓰지 않으면 일깨워 주지 않으며, 사각형의 한 모서리를 가르쳐 주었는데 나머지 세 모서리를 헤아리지 못하면 두 번 다시 가르쳐 주지 않는다."

子曰, "不憤不啓, 不悱不發, 擧一隅不以三隅反, 則不復也."
자왈 부분불계 불비불발 거일우불이삼우반 즉불부야

〈술이〉

공자가 말했다. "어떻게 할까, 어떻게 할까 하면서 스스로 방법을 찾으려고 노력하지 않는 이는 나도 어떻게 할 수가 없다."

子曰, "不曰 '如之何如之何'者, 吾末如之何也已矣."
자왈 불왈 여지하여지하 자 오말여지하야이의

〈위령공〉

앞서 자하는 학문을 제대로 하는 방법을 말했는데, 그가 생각할 때 학문은 수신과 다른 것이 아니었다. 왜냐하면 학문 역시 그 궁극적인 목적은 인의 실현에 있기 때문이다. 그는 널리 새로운 정보와 지식을 습득하고 늘 그렇게 하고자 하는 의지를 굳게 다지며, 이미 배운 것 가운데 모르는 것은 애써 묻고, 이미 배운 것 가운데서는 아직 능하지 못한 것부터 곰곰이 생각해 나간다면 그렇게 하는 가운데 인을 실현할 수 있다고 보았다. 여기서 특히 배우는 자에게 중요한 태도는, 아직 배우지 않은 것이 아니라 이미 배운 것 가운데 모르는 부분과 능하지 못한 것을 애써 묻고 곰곰이 생각해서 이해하려고 하는 것이다. 아직 배우지도 않은 것을 닥치는 대로 묻고 멋대로 생각한다면 그것이야말로 공연히 수고롭기만 할 뿐, 별다른 효과를 기대할 수 없다.

이 인용문을 보면 공자는 배우는 자에게 가장 중요한 태도는 분발과 노력이라고 생각했음을 알 수 있다. 무릇 배우는 자는 모르는 것이 있으면 배우려는 강력한 의지를 표출해야 하며, 배워도 잘 모를 때는 어떻게 해서든지 이해해 보려고 노력해야 한다. 그리고 한 가지 가르침을 들으면 여러 가지 각도로 생각해 봄으로써 그 가르침을 완전히 숙지하도록 해야 한다. 공자는 이러한 태도를 보이지 않는 제자들에게는 두 번 다시 가르침을 베풀지 않는다고 했다. 배우는 자가 스스로 알려고 분발해서 노력하지 않는 이상은, 새로운 정보나 지식을 주입해 보았자 체득될 리 만무하기 때문이다. 본인 스스로 어떻게 해야 제대로 이해해서 체득할 수 있을지 고민하며 방법을 찾지 않는 한, 제아무리 훌륭한 스승이라 해도 무슨 특별한 방법을 보여 줄 수 있는 것은 아니다.

공자가 말했다. "비유하자면 산을 쌓는 일에서 비록 흙 한 삼태기가 모자란다 해도 중지했다면 곧 내가 중지한 것이다. 비유하자면 땅을 고르는 일에서 비록 흙 한 삼태기를 쏟아 붓더라도 나아갔다면 곧 내가 나아간 것이다."

子曰, "譬如爲山, 未成一簣, 止, 吾止也; 譬如平地, 雖覆一簣, 進, 吾往也."
자왈 비여위산 미성일궤 지 오지야 비여평지 수복일궤 진 오왕야

〈자한〉

공자는 여기서 배움의 성취를 산을 쌓고 땅을 고르는 일에 비유하

고 있는데, 그 성취 여부는 오로지 자신에게 달려 있다고 말한다. 산을 거의 다 이루었다 해도 한 삼태기가 부족한 채 중지해서 완성을 하지 못하면 자기가 그만둔 탓이고, 땅을 비록 한 삼태기밖에 고르지 못했다 해도 이룬 게 있다면 자기가 이룬 것이다. 그러므로 배우는 이는 주인의식을 갖고 배움에 임해야 한다. 다시 말해 주체적인 태도를 버리는 일이 없어야 한다는 뜻이다. 왜냐하면 결국 스승은 배우고자 하는 이를 도와주는 역할 이상의 것을 할 수 없기 때문이다. 그것은 마치 마부가 말을 물가로 끌고 갈 수는 있으나 억지로 물을 마시게 할 수는 없는 것과 같다. 물을 마셔서 갈증을 푸는 것은 오로지 스스로에게 달려 있는 일이다.

공자가 말했다. "배움은 따라가지 못할 듯이 하고, 그러고도 그 배운 것을 잃어버릴까 두려워해야 한다."

子曰, "學如不及, 猶恐失之."
자왈 학여불급 유공실지

〈태백〉

배움에 임하는 자는 잠시라도 지체하면, 즉 조금이라도 게으름을 피우면 따라가지 못할 듯 열심히, 그리고 부지런히 배워야 한다. 그리고 이미 배운 것은 행여나 잊어버리는 일이 없도록 조심해야 한다.

2. 수신(修身)

안연이 인에 대해 물었다.

공자가 대답했다. "자기를 극복해서 예로 돌아가는 것이 인이다. 어느 날 자기를 극복해서 예로 돌아가면 천하의 모든 이들도 그 인에 귀의하게 될 것이다. 인을 행하는 것은 자기에게 달려 있는 것이지 남에게 달려 있는 것이겠느냐?"

안연이 말했다. "그 구체적인 내용을 여쭈고자 합니다."

공자가 말했다. "예가 아니면 보지 말고, 예가 아니면 듣지 말고, 예가 아니면 말하지 말며, 예가 아니면 움직이지 말라."

안연이 말했다. "제가 비록 불민하기는 하지만 모쪼록 그 말씀을 받들어 행하겠습니다."

顔淵問仁.
안 연 문 인

子曰, "克己復禮爲仁. 一日克己復禮, 天下歸仁焉. 爲仁由己, 而由
자왈 극기복례위인 일일극기복례 천하귀인언 위인유기 이유
人乎哉?"
인호재

顔淵曰, "請問其目."
안연왈 청문기목

子曰, "非禮勿視, 非禮勿聽, 非禮勿言, 非禮勿動."
자왈 비례물시 비례물청 비례물언 비례물동

顔淵曰, "回雖不敏, 請事斯語矣."
안연왈 회수불민 청사사어의

〈안연〉

위학의 항목에서 수신은 인을 이루기 위해 여러 가지 덕목을 하나하나 갖추어 나가는 것이라고 했다. 다시 말해 수신은 인을 실현하기 위한 과정이다. 공자는 그 과정, 즉 수신을 '극기복례'라고 불렀다. 여기서 '기(己)'는 사욕을 가리키고, '극(克)'은 제약하다[약(約)] 또는 이기다[승(勝)]라는 뜻이며, '복(復)'은 되돌아가다[반(反)]라는 의미를 가지고 있다. 그러므로 이 말은 일신의 사리사욕과 이기심을 없애고 스스로를 절제해서 예를 지킨다는 뜻이다.

그리고 예를 지킨다는 말의 구체적인 의미는 예에 부합되지 않으면 보지 않고 듣지 않고 말하지 않고 움직이지도 않는다는 것, 즉 예를 모든 행동의 준칙으로 삼는다는 것이다. 공자는 이렇게 하면 곧 인을 이루게 된다고 말했다. 그리고 그것은 남이 아닌 자신

에게 달린 문제다. 다시 말해 수신을 통해 인을 실현하는 것은 누가 대신해 줄 수 있는 일이 아니라 다만 스스로에 달린 일일 따름이다.

이렇듯 극기복례, 즉 수신을 통해 인을 이루면 천하의 모든 사람들이 그 인을 흠모하여 앞다투어 의지하기를 마다하지 않는다. 이것은 천하가 인한 상태로 돌아간다는 뜻이기도 하다. 그러므로 수신은 개인에서 시작되는 일이지만, 그 결과는 개인적인 차원에서 그치는 것이 아니라 천하의 차원에까지 미치게 됨을 알 수 있다. 다시 말해 개인적인 차원에서 인을 실현하는 것은 사회적인 차원에서 인을 실현하기 위한 토대가 된다. 따라서 우리는 수신의 의미를 다만 개인의 인격 완성에 관한 문제로 축소해서는 안 된다.

공자가 말했다. "현명한 사람을 보면 그와 같아지기를 생각하고, 현명하지 못한 사람을 보면 속으로 자신을 반성해 보아야 한다."

子曰, "見賢思齊焉, 見不賢而內自省也."
자왈 견현사제언 견불현이내자성야

〈이인〉

증자가 말했다. "나는 매일 세 가지 면에서 나 자신을 반성해 본다. 남을 위해 어떤 일을 도모하면서 충실하지는 않았는가? 벗들과 사귐에 있어서 미덥지는 않았는가? 제대로 익히지도 못한 것을 남에게 전하지는 않았는가?"

曾子曰, "吾日三省吾身, 爲人謀而不忠乎? 與朋友交而不信乎? 傳不習乎?"
증자왈 오일삼성오신 위인모이불충호 여붕우교이불신호 전불습호

〈학이〉

수신은 곧 극기복례라고 할 때 그것은 극기와 복례 두 가지 측면으로 나누어 볼 수 있다. 이 가운데 복례의 구체적인 방법은 바로 앞에서 설명했으므로 여기서는 극기를 다루어 보도록 하자. 극기란 사욕과 이기심을 없애는 것이다. 그런데 그것이 말처럼 간단하지 않은 것은, 조용히 앉아서 마음속을 들여다본다 해도 그것들이 곧장 눈에 띄지는 않기 때문이다. 사욕과 이기심은 본래부터 마음속에 자리 잡고 있는 것이 아니라 어떤 대상이 있어야 비로소 발동하는 것이다. 따라서 그것들을 없애려면 구체적인 사안을 놓고 반성해 보는 편이 가장 효과적이다.

예를 들어 어떤 이가 자신만의 편리를 위해 얼굴에 철판을 깔고 새치기를 감행하는 모습을 본다면, 그저 화만 벌컥 낼 것이 아니라 나에게는 혹시 저러한 면이 없는지를 반성하고, 만약 있다면 다시는 그런 모습을 보이지 않으리라 결심하는 것이다. 또는 증자처럼 스스

로 중요하게 여기고 있는 문제나 아직은 온전히 갖추었다고 자신하기 힘든 덕목을 정해 두고 매일같이 돌이켜 점검하는 것이다. 그렇게 할 때 비로소 사욕과 이기심이 발동할 기회가 줄어들며, 마침내는 그것이 자취를 감추게 된다. 극기는 어떤 깨달음에 따라 단박에 이루어지는 것이 아니라 이렇듯 끊임없는 반성을 통해 성취되는 것이다.

3. 효친(孝親)

효친, 즉 효도라고 하면 일단 부모를 잘 봉양하는 것으로 충분하다고 생각하기 쉽다. 자식이 있음에도 불구하고 헐벗음과 굶주림, 각종 질병에 시달리며 생활 보호 대상자로 힘겹게 살아가는 독거노인들이 적지 않고, 형제간에는 서로 부모를 모시지 않으려고 싸움이 벌어지며, 심지어는 현대판 고려장이라 해서 외국에 부모를 버리는 등의 일이 심심찮게 있는 오늘날에는, 부모를 물질적인 차원에서 잘 봉양하기만 해도 효도한다는 말을 듣는 것이 당연하게 되어 버린 것이다. 하지만 이제 공자의 말을 들어보면 역시나 그것만으로 참다운 효도라고 하기에는 부족한 점이 많다는 것을 알 수 있을 것이다.

효친의 참다운 의미

자유가 효에 관해서 물었다.

공자가 대답했다. "오늘날의 효는 다만 부모를 먹여 살릴 수 있는 것을 일컫는다. 그러나 개나 말에 이르기까지도 모두 능히 먹여 살릴 수 있으므로, 공경하는 마음이 없다면 어떻게 구별하겠느냐?"

子游問孝.
자유문효

子曰, "今之孝者, 是謂能養. 至於犬馬, 皆能有養; 不敬, 何以別乎?"
자왈 금지효자 시위능양 지어견마 개능유양 불경 하이별호

〈위정〉

자하가 효에 관해서 물었다.

공자가 대답했다. "부드러운 낯빛으로 부모를 섬기기가 어려운 일이다. 일이 있을 때면 자식이 하고, 술과 음식이 있을 때면 부모가 드시게 하는 것만으로 효라고 할 수 있겠느냐?"

子夏問孝.
자하문효

子曰, "色難. 有事弟子服其勞, 有酒食先生饌, 曾是以爲孝乎?"
자왈 색난 유사제자복기로 유주사선생찬 증시이위효호

〈위정〉

공자는 부모를 공경하는 마음이 없으면 그들을 아무리 잘 봉양한다 해도 가축이나 애완동물을 먹여 기르는 것과 아무런 차이가 없다고, 즉 참다운 효도라고 볼 수 없다고 생각했다. 제대로 효도를 하려면 마땅히 공경하는 마음을 갖추어야 하는데, 그 마음이 바깥으로 드러나는 것은 부드러운 낯빛을 통해서다. 부드러운 낯빛으로 늘 부모를 대하기란 쉽지 않은 일이지만, 그렇게 할 때야 비로소 참다운 효도라고 할 수 있다. 부모를 못마땅한 표정이나 성난 얼굴로 대하는 한, 일을 대신하고 음식을 제공한다 해서 그들의 마음이 편하거나 기쁠 리 없기 때문이다.

공자가 말했다. "아버지가 살아 계시면 그 뜻을 살피고, 아버지가 돌아가시면 그 행적을 잘 살펴본다. 삼 년 동안 아버지의 법도를 고치지 않으면 효라고 할 만하다."

子曰, "父在, 觀其志; 父沒, 觀其行; 三年無改於父之道, 可謂孝矣."
자왈 부재 관기지 부몰 관기행 삼년무개어부지도 가위효의

〈학이〉

부모가 살아 계실 때는 그 뜻을 잘 살펴서 어기는 일이 없어야 하고, 부모가 돌아가셨을 때는 생전의 행적을 수시로 돌이켜 보고, 그 유지(遺旨)를 잊는 일이 없도록 해야 한다. 이렇게 하자면 부모가 살

아 계시든 돌아가시든, 한결같이 참다운 효도의 불가결한 요소인 공경심이 있어야 한다. 마지막 문장의 '삼 년'이란 삼년상을 지내는 기간을 말한다. 그런데 부모의 법도, 즉 생전에 부모가 해 오던 바가 옳지 않은 경우에는 어떻게 해야 할까? 당연히 옳지 않은 것이라면 삼 년을 기다릴 것도 없이 당장 고쳐야 한다고 대부분의 주석은 목소리를 같이하고 있다. 다만 공자가 그렇게 말한 까닭은 부모의 사후에 혹시 그 공경심이 금방 엷어지지나 않을까 염려했기 때문이라고 볼 수 있다.

맹의자가 효에 관해서 물었다.

공자가 대답했다. "어기는 일이 없어야 합니다."

번지가 수레를 몰고 있을 때 공자가 그에게 말했다. "맹손이 나에게 효에 관해서 묻기에 나는 '어기는 일이 없어야 한다.'고 대답했다."

번지가 말했다. "무슨 뜻입니까?"

공자가 말했다. "살아 계실 때는 예로써 섬기고, 돌아가시면 예로써 장사 지내고, 예로써 제사 지내는 것이다."

孟懿子問孝.
맹 의 자 문 효

子曰, "無違."
자왈 무위

樊遲御, 子告之曰, "孟孫問孝於我, 我對曰 '無違.'"
번지어 자고지왈 맹손문효어아 아대왈 무위

樊遲曰, "何謂也?"
번지왈 하위야

子曰, "生, 事之以禮; 死, 葬之以禮, 祭之以禮."
자왈 생 사지이례 사 장지이례 제지이례

〈위정〉

맹의자는 노 나라의 대부 가운데 한 사람이었다. 공자는 그를 맹손이라고 부르고 있는데, 그것은 그가 속한 가문을 일컫는 말이다. 이 대목에서 우리는 앞으로의 논의를 위해서라도 잠시 노 나라의 정치 상황을 짚어 볼 필요가 있다. 노 나라의 제15대 임금인 환공(桓公)에게는 아들이 넷 있었다. 큰아들 동(同)은 즉위해서 장공(莊公)이 되었고, 나머지 세 형제, 즉 경보(慶父), 숙아(叔牙), 계우(季友)는 각각 맹손씨(孟孫氏), 숙손씨(叔孫氏), 계손씨라는 대부가 되었다. 이 세 가문이 모두 환공에서 비롯되었기 때문에 통칭해서 삼환씨(三桓氏)라고 부른다. 삼환씨는 검소한 생활을 통해 인심을 얻어 세력을 키워 나가다가 제22대 임금인 양공(襄公) 11년, 즉 기원전 562년에 군대를 확충한다는 명분을 내세워, 공실(公室, 임금의 집안)의 토지와 노예를 삼등분해서 나누어 가졌다. 이것을 일러 '삼분공실(三分公室)'이라고 한다. 그런데 제23대 임금인 소공(昭公) 5년, 즉 기원전 537년에 이르자 계손씨의 세력이 커져 세 가문이 서로의 지분을 다시 조정한 결과 계손씨가 홀로 공실의 4분의 2를 차지하게 되었다. 이때부터 노 나라 조정의 실권은 계손씨의 수중에 떨어지게 된 셈이다. 공자의 생존 연대는 기원전 551년~기원전 479년이므로, 공자는 계손씨를 필두로 하는 삼환이 득세한 시대의 한복판에 살았다고 할 수 있다.

당시 맹손씨의 수장(首長)이었던 맹의자는 아버지인 맹희자(孟僖子)의 임종 때 공자에게 가르침을 구하라는 부탁을 받은 적이 있었다. 그래서 그는 공자를 스승 내지 조언자로 삼았다. 그런 그가 공자에게 효에 관해 묻자 공자는 밑도 끝도 없이 "어기는 일이 없어야 한다."고 대답했다. 그런데 이 말에는 '무엇'에 해당하는 목적어가 없으므로 오해를 살 여지가 있다. 만약 그 목적어가 부모의 뜻이라면, 그 뜻이 옳지 못할 경우에는 문제가 생기기 때문이다. 그래서 공자는 번지에게 질문을 유도해서 그 목적어는 예임을 분명히 하고 있다. 다시 말해 효는 부모를 섬기는 데 처음부터 끝까지 예를 어기지 않는 것이다. 구체적으로 말하자면 살아 계실 때는 물질적으로 불편함이 없게 잘 모시며 아침저녁으로 문안을 드리는 것이고, 돌아가시면 장례에 필요한 물품을 두루 갖추어 정성껏 장사를 치르고, 장례가 끝나면 기일에 맞춰 제사를 지내 부모의 유지를 다시 돌이켜보고 그 은혜를 잊지 않는 것이다.

북송의 유학자 호인은 여기에서의 예를 '분수'로 해석하기도 한다. 그에 따르면 "자신의 분수에 맞추어 할 수 있는데도 하지 않는 것과, 할 수 없는데도 하는 것은 둘 다 똑같이 불효"라고 한다. 예를 들어 경제적으로 성공해서 부모를 여러 면에서 잘 봉양할 수 있음에도 불구하고 그 재물이 아까워 잘 모시지 않는 것도 불효며, 경제적인 면에서 여유가 없음에도 불구하고, 무턱대고 돈을 빌리거나 비리를 저질러 남부럽지 않게 모시는 것 역시 불효라는 말이다. 전자는 따로 설명할 필요도 없지만, 후자의 경우 반드시 그 죄의 대가를 치를 때가 있을 것이고, 그렇게 되면 부모에게 커다란 상심을 안겨 드리게 되므로 이 또한 불효라고 할 수 있다는 것이다. 그러므로 참다운 효도란 공경하는 마음을 잃는 일 없이 자기 분수에 맞는 한도 내에서 부모를 정성껏 모시는 것이다.

효친의 방법

공자가 말했다. "부모를 섬길 때는 부드럽게 간언해야 한다. 부모가 따르지 않을 뜻을 내비치더라도 더욱 공경하고 어기지 않으며 힘이 들더라도 원망하는 일이 없어야 한다."

子曰, "事父母幾諫. 見志不從, 又敬不違, 勞而不怨."
자왈　사부모기간 견지부종 우경불위 노이불원

〈이인〉

부모가 혹 잘못된 일을 하고자 할 때는 남들이 알아차리지 못하도록 조용히 그리고 부드러운 목소리와 태도로 간언해야 한다. 그렇지 않고 목소리를 높이는 것은 여러 사람 앞에 부모를 욕되게 하는 짓이고, 또 성난 얼굴로 기세등등하게 잘못을 지적하다가는 부모와 자식의 사이가 틀어질 수 있다. 부드럽게 간언해도 부모가 그 뜻을 꺾지 않으면 벌컥 화를 낼 일이 아니라, 더욱 공경하는 모습을 보여 부모 스스로 차츰 그 잘못을 깨닫도록 해야 한다. 이렇게 하는 일이 쉽지 않고 힘이 들더라도 결코 부모를 원망하는 마음을 품어서는 안 된다.

맹무백이 효에 관해서 물었다.

공자가 대답했다. "부모님께는 오직 자식이 병들지나 않을까 하는 것만을 걱정하도록 해 드려야 합니다."

孟武伯問孝.
맹무백문효

子曰, "父母唯其疾之憂."
자왈　부모유기질지우

〈위정〉

맹무백은 맹의자의 맏아들로서 성질이 거칠어 화를 잘 내는 무인(武人)이었다고 한다. 그래서 맹의자는 아들이 남과 다투다가 화를 당할까 봐 늘 걱정했다. 그런 맹무백이 마침 공자에게 효에 관해서 묻자, 공자는 부모에게 자식의 건강 이외의 것을 걱정하게 해서는 안 된다고 대답했다. 다시 말해 당신처럼 신중하게 처신하지 못하고 함부로 행동함으로써 무슨 화를 당하지나 않을까 하고, 부모가 늘 마음을 놓지 못하게 만들어서는 안 된다는 것이다. 그렇잖아도 염려가 많기 마련인 부모의 심려를 덜어 주지는 못할망정 그것을 더하지는 말아야 한다. 무릇 자식된 자는 늘 그 언행을 신중히 해서 화를 미연에 방지하고, 장성하면 열심히 일해서 남들 못지않게 자립함으로써 부모의 심려를 한 가지라도 덜어 드리려고 해야 한다. 부모가 자식의 건강 문제 이외의 것을 걱정할 일이 없도록 할 때야 효도를 제대로 하고 있다고 볼 수 있다.

공자가 말했다. "부모가 살아 계시는 동안에는 멀리 떠나지 말아야 한다. 떠나게 되면 반드시 행방을 알려 드려야 한다."

子曰, "父母在, 不遠遊. 遊必有方."
자왈 부모재 불원유 유필유방

〈이인〉

부모가 살아 계실 때는 그들을 늘 가까이 모심으로써, 부모 자식 간에 만나지 못해 지나치게 그리워하고 어떻게 지내는지 궁금해하고 걱정하는 일이 생기지 않도록 해야 한다. 또 만일 피치 못할 사정으로 멀리 떨어져 살게 되면, 반드시 그 행방을 알리고 수시로 연락을 해서 부모가 쓸데없이 심려하는 일이 없도록 해야 한다. 오늘날에는 부모와 자식이 떨어져 사는 것이 일반화되어 있지만 공자 당시에는 3대가 함께 사는 것도 흔한 일이었다. 그런 까닭에 부모를 가까이 모시고 걱정 끼치지 않는 것은 당연한 일이라 할 수 있다.

공자가 말했다. "부모의 연세는 알고 있지 않으면 안 된다. 한편으로는 기쁘고, 한편으로는 두렵기 때문이다."

子曰, "父母之年, 不可不知也. 一則以喜, 一則以懼."
자왈 부모지년 불가부지야 일즉이희 일즉이구

〈이인〉

부모의 연세를 잊지 않아 한편으로 기쁜 것은, 그들이 여전히 건강하게 살아 계시기 때문이고, 한편으로 두려운 것은 앞으로 부모를 섬길 수 있는 날이 줄어듦에 슬프기 때문이다. 부모의 연세를 잊지 않는다는 것은 부모에 대한 관심을 늘 잃지 말아야 한다는 뜻이다. 부모에 대한 관심은 효도의 첫걸음이다. 관심이 없는데 공경하는 마음이 생길 리 만무하고, 심려를 덜어 드리고자 애쓸 턱이 없기 때문이다. 그리고 그러한 관심은 부모의 연세를 잊지 않는 사소한 일에서 시작된다. 한데 요즘은 어떠한가? 부모의 연세를 물었을 때 손가락을 꼽으며 계산하지 않고 당장 대답할 수 있는 이가 지금은 몇이나 될까?

공자는 이렇듯 시시콜콜하다고 할 행동까지 들먹이며 부모 섬기는 일에 대해 말한다. 그는 이를 왜 이렇게 강조한 것일까? 그것은 공자가 인에 이르기 위한 수신의 출발점을 효라고 생각했기 때문이다. 부모 형제에 대한 사랑, 즉 효제야말로 모든 실천의 기본이며, 이 출발점을 이웃과 사회, 국가로 확장시켜 나가는 것이 유가의 도덕 실천론이다.

한데 오늘날 유교의 효를 곱지 않은 시선으로 바라보는 사람들도 있는 듯하다. 그들은 부모와 자식의 관계가 효라고 하는 일방적인 관계만으로 규정될 수는 없으며, 또한 그 효라고 하는 것이 지나치게 순종적이고 노예적인 태도를 강조하고 있다고 말한다. 그러나 공자가 부모의 자식에 대한 사랑이나 바람직한 태도를 별도로 강조하지 않은 까닭은, 그것이 중요하지 않기 때문이 아니라 그것이 따로 말할 필요도 없이 당연하게 또는 자연스럽게 이루어지는 것이기 때문이다. 이 세상에 자식을 사랑하지 않는 부모는 없다고 해도 과언이 아니다. 그것은 사람만이 아니라 동물 세계에서조차 쉽게 찾아볼 수 있는 일종의 본능 같은 것이다. 이렇듯 당연한 일을 구태여 따로 강조할 필요가 있겠는가? 사실 어떤 면에서 부모의 사랑은 도리어 늘 넘쳐나 문제지 부족해서 문제가 되는 경우는 별로 없다. 그러나 자식의 부모에 대한 사랑이나 바람직한 태도는 저절로 이루어지는 본능적인 차원에서 기능하지 않는다. 자신을 낳아 주고 길러 준 고마움을 끊임없이 상기시키고 그 은혜에 대한 보답을 잊지 않게 하지 않으면, 자칫 부모를 생면부지의 남처럼 여길 수도 있는 노릇이다. 그렇게 되면 일신의 이익을 위해 부모를 해치는 일도 서슴지 않게 될 것이고, 천륜(天倫)으로 맺어진 가족 또한 유지되기 힘들 것이며, 따라서 그것을 기본적인 구성 요소로 하는 사회 전체가 온전하려 해도 온전할 리 없게 될 것이다. 그래서 공자는 특히 부모에 대한 자식의 효를 그렇게 힘주어 강조했던 것이다. 그리고 그 효는 이미 앞에서 몇 가지 예문을 통해 살펴본 것처럼 무조건적인 순종을 제일로 하는 것이 아니라, 어디까지나 합리적이고 분수를 넘지 않는 마땅한 태도, 즉 예의 범위를 넘어서지 않을 때 그 참다운 가치가 발휘된다. 따라서 효는 애당초 허례허식과는 아무런 관계가 없다.

공자의 이런 말에도 불구하고 부모를 모시는 일과 관련된 것으로 보이는 어떤 허례허식의 원인을 효 자체에 돌리는 것은 매우 비논리적인 처사다. 다시 말해 효는 무조건적인 것이 아니라 예의 한정을 받을 때 비로소 제대로 된 효라고 할 수 있고, 이것이 바로 공자와 유교가 힘주어 말하는 효다. 그러므로 비판론자들이 이성의 법정에 세워야 하는 것은 공자와 유교의 효가 아닌, 바로 자신의 터무니없는 오해, 또는 섣부르고 피상적인 자신의 추단(推斷)이다. 언뜻 효와 관련이 있어 보이는, 눈살을 찌푸리게 하거나 비효율적이고 낭비적인 허례허식은, 공자가 말한 효를 기계적으로 해석하여 실생활에 그대로 적용하거나 개인의 과시욕 또는 그것을 부추기는 사회적 관계 등에서 비롯된 것이지, 공자가 말한 효 자체에서 잉태된 것이 아니라는 말이다.

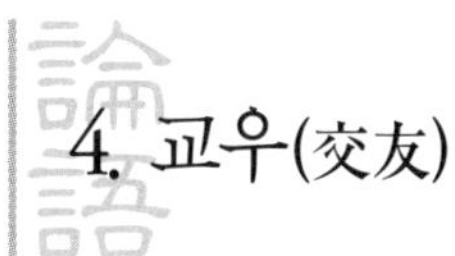

4. 교우(交友)

공자가 말했다. "충성과 신의를 위주로 삼고, 자기만 못한 사람을 벗으로 사귀지 않으며, 허물이 있으면 곧 고치기를 꺼려하지 않는다."

子曰, "主忠信, 毋友不如己者, 過則勿憚改."
자왈 주충신 무우불여기자 과즉물탄개

〈자한〉

교우, 즉 벗을 사귀려면 먼저 벗이 될 만한 사람을 잘 골라야 한다. 자기만 못한 사람에게는 배울 것이 없으므로 벗 삼아서는 안 된다. 그런데 상대방을 자신의 기준에 따라 그 고하를 따져 벗으로 삼을까 말까 하는 것은 자기중심적인 측면이 강한 행동이다. 그래서 이를 자기만 못한 사람이라 해석하지 않고, 자기와 뜻이 다른, 그러니까 자기가 추구하는 길과는 다른 길을 가는 사람을 벗으로 사귀지 않는다고 해석하는 학자들도 있다. 어쨌거나 배울 것이 없는 사람과 추구하는 길이 다른 사람은 벗으로 사귀기에 적당하지 않다.

자공이 인을 행하는 일에 관해서 물었다.

공자가 대답했다. "장인이 자기 일을 잘하려고 하면 반드시 먼저 연장을 잘 벼려야 한다. 어느 나라에 살든 간에 그 대부 가운데 현명한 사람을 골라서 섬기고, 그 사(士) 가운데 인한 이를 골라 사귀어라."

子貢問爲仁.
자공문위인

子曰, "工欲善其事, 必先利其器. 居是邦也, 事其大夫之賢者, 友其士之仁者."
자왈 공욕선기사 필선리기기 거시방야 사기대부지현자 우기사지인자

〈위령공〉

공자가 말했다. "유익한 교우에도 세 가지 종류가 있고, 해로운 교우에도 세 가지 종류가 있다. 정직한 사람과 벗하고, 성실한 사람과 벗하며, 견문이 넓은 사람과 벗하면 유익하다. 아첨을 일삼는 자와 벗하고, 앞에서만 부드럽게 굴지만 돌아서서는 다른 생각을 하는 자와 벗하며, 입만 잘 놀려대는 자와 벗하면 해롭다."

孔子曰, "益者三友, 損者三友. 友直, 友諒, 友多聞, 益矣. 友便辟,
공자왈 익자삼우 손자삼우 우직 우량 우다문 익의 우편벽

友善柔, 友便佞, 損矣."
우선유 우편녕 손의

〈계씨〉

공자는 어느 곳에 있든 인한 사람을 골라 사귀라고 말한다. 인한 사람이 어떤 사람인지 좀 막막하다는 생각이 들면 정직하고 성실하며 견문이 넓은 사람을 고르면 된다. 아첨을 일삼는 사람, 겉으로는 부드럽게 굴지만 내심은 딴마음을 갖거나 성실하지 못한 사람, 실제로는 아는 것도 별로 없으면서 말만 잘하는 사람은 인을 해치는 자이므로 벗으로 사귀어서는 안 된다.

공자가 말했다. "중용의 길을 가는 사람을 사귀지 못한다면, 반드시 열성적인 사람이나 고집이 센 사람을 택하리라! 열성적인 사람은 진취적이며 고집이 센 사람은 행하지 않는 바가 있기 때문이다."

子曰, "不得中行而與之, 必也狂狷乎! 狂者進取, 狷者有所不爲也."
자왈 부득중행이여지 필야광견호 광자진취 견자유소불위야

〈자로〉

제1부에서 중용을 설명할 때 그것은 의(義)와는 별도의 것이 아니라 의가 지속적으로 유지되고 있는 상태, 즉 어떤 상황에서도 변함없

이 의에 비추어 행동하는 것을 가리키는 말이라고 했다. 이러한 중용의 길을 가는 사람, 곧 중용을 실천하는 사람은 군자이자 인자임에 틀림없다. 따라서 우리는 이러한 사람을 벗으로 삼아야 한다. 그러나 그런 사람은 쉽게 찾아보기 어렵다. 그렇다면 어떻게 하는 것이 좋을까? 공자는 열성적인 사람이나 고집이 센 사람이라도 있으면 사귀는 게 좋다고 말한다. 열성적인 사람에게서는 열심히 앞으로 나아가려고 하는 모습을 배울 수 있고, 고집이 센 사람의, 세파에 쉽게 휩쓸리지 않고 아닌 것은 단호하게 아니라고 하는 모습에서는 일종의 절개를 배울 수도 있기 때문이다.

증자가 말했다. "군자는 학문으로 벗을 사귀고, 그 사귐을 통해 인의 실현을 도모한다."

曾子曰, "君子以文會友, 以友輔仁."
증자왈　군자이문회우　이우보인

〈안연〉

군자가 벗을 사귀는 까닭은 자신에게 부족한 점을 보충해서 인의 실현을 도모하고자 함이다. 군자는 옛 문헌을 통해 전해진 삶의 지혜를 배우고, 새로운 정보와 지식을 습득하고 익히는 과정에서 벗을 사귄다.

공자가 말했다. "듣기에 좋은 그럴듯한 말을 하고 얼굴빛을 보기 좋게 꾸미는 것과 지나친 공손을 좌구명은 부끄럽게 여겼는데, 나 또한 부끄럽게 여긴다. 원한을 감추고 그 사람과 벗으로 사귀는 것을 좌구명은 부끄럽게 여겼는데, 나 또한 부끄럽게 여긴다."

子曰, "巧言 令色 足恭, 左丘明恥之, 丘亦恥之. 匿怨而友其人, 左丘明恥之, 丘亦恥之."
자왈 교언 영색 주공 좌구명치지 구역치지 익원이우기인 좌구명치지 구역치지

〈공야장〉

어떤 사람에게 원한이 있음에도 불구하고 마치 잊어버렸다는 듯 그것을 숨기고 벗으로 사귀는 것은, 그 사람을 이용해서 자신의 떳떳하지 못한 어떤 욕심을 채우기 위해서다. 군자가 벗을 사귀는 이유는 인의 실현에 보탬이 되기 위한 것이지 욕심을 채우기 위한 것이 아니므로, 무엇보다 솔직하고 떳떳한 태도를 잃지 말아야 한다. 우리는 이처럼 도적의 심보를 숨기고 남을 사귀어서도 안 되고, 그런 심보를 가진 자가 벗으로 위장해서 접근하는 것도 경계해야 한다.

자공이 벗에 관해 묻자 공자가 대답했다. "충심으로 일러 주어 잘 인도하되 안 되겠으면 그만두어 스스로를 욕되게 하지 말라."

子貢問友. 子曰, "忠告而善道之, 不可則止, 無自辱焉."
자공문우 자왈 충고이선도지 불가즉지 무자욕언

〈안연〉

자유가 말했다. "임금을 섬김에 간언을 자주하면 욕을 보게 되고, 친구를 사귐에 충고를 자주하면 그 사이가 멀어진다."

子游曰, "事君數, 斯辱矣, 朋友數, 斯疏矣."
자유왈 사군삭 사욕의 붕우삭 사소의

〈이인〉

벗은 인의 실현에 서로 도움을 주는 사이다. 그러므로 벗이 혹시 잘못된 길로 나아가기라도 한다면 충심으로 일러 주어 올바른 길로 인도함이 마땅하다. 그러나 성심껏 충고를 했는데도 벗이 귀담아 듣지 않는다면 그만둘 줄 알아야 한다. 그렇지 않으면 도리어 모욕을 당하는 일이 생길 수도 있고, 두 번째 인용문에 나오듯이 오히려 사이만 멀어지다가 마침내 벗을 잃을 수도 있기 때문이다.

공자가 말했다. "안평중은 다른 사람과 사귀기를 잘했으니 오래 사귀면서도 상대방을 존경했다."

子曰, "晏平仲善與人交, 久而敬之."
자왈 안평중선여인교 구이경지

〈공야장〉

안평중은 제 나라의 훌륭한 대부였다. 그는 법가(法家) 계열의 선구자로서 매우 현실적인 사람이었던 것으로 알려져 있다. 공자는 안평중 때문에 제 나라에서의 등용이 틀어진 적이 있다. 이는 정치상의 견해 차이 때문이었지 사사로운 이익 때문에 벌어진 일은 아니었다. 그래서 공자는 그를 원망하거나 폄하한 적이 없다. 그러나 우리는 흔히 벗을 오래 사귀게 되면 친하다고 해서 예를 소홀히 하는 경향이 있다. 존중하는 마음은 옅어지고 함부로 대하기 일쑤다. 그러다가 자칫 사이가 틀어져서 다시는 보지 않겠다고 선언하는 경우도 적지 않다. 반면 벗을 제대로 사귀는 사람은 그 사이가 오래되어도 결례를 범하지 않고 그를 한결같이 존중하려고 애쓰는 법이다.

5. 처세(處世)

장저와 걸닉이 함께 밭을 갈고 있었는데, 공자가 지나가다가 자로를 보내 나루터를 물어보게 했다.

장저가 말했다. "수레에서 고삐를 붙들고 있는 이는 누구요?"

자로가 말했다. "공구입니다."

"노 나라의 공구 말이요?"

"그렇습니다."

"그렇다면 틀림없이 나루터가 어디에 있는지 알고 있을 것이오."

이번에는 걸닉에게 묻자 걸닉이 말했다. "당신은 누구요?"

"자로입니다."

"노 나라 공구의 제자요?"

"그렇습니다."

"도도히 흘러가는 것은 시냇물만이 아니고 온 천하가 다 그러한데, 누구와 함께 그것을 바꾼단 말이오? 또한 그대는 사람을 피하는 선비를 따라다니느니 세상을 피하는 선비를 따르는 것이 더 낫지 않겠소?" 이렇게 말하고는 흙으로 씨앗을 덮는 일을 멈추지 않았다.

자로가 돌아와서 들은 대로 알렸다.

공자가 탄식하며 말했다. "새나 짐승과는 함께 살 수 없을진대 내가 사람의 무리와 함께 살지 않고 누구와 함께 살겠는가? 천하에 도가 있다면 나도 바꾸려 들지 않을 것이다."

長沮桀溺耦而耕, 孔子過之, 使子路問津焉.
장저걸닉우이경 공자과지 사자로문진언

長沮曰, "夫執輿者爲誰?"
장저왈 부집여자위수

子路曰, "爲孔丘."
장저왈 위공구

曰, "是魯孔丘與?"
왈 시노공구여

曰, "是也."
왈 시야

曰, "是知津矣."
왈 시지진의

問於桀溺, 桀溺曰, "子爲誰?"
문어걸닉 걸닉왈 자위수

曰, "爲仲由."
왈 위중유

曰, "是魯孔丘之徒與?"
왈 시노공구지도여

對曰, "然."
대왈 연

曰, "滔滔者天下皆是也, 而誰以易之? 且而與其從辟人之士也, 豈若
왈 도도자천하개시야 이수이역지 차이여기종피인지사야 기야
從辟世之士哉?" 耰而不輟.
종피세지사재 우이불철

子路行以告.
자로행이고

夫子憮然曰, "鳥獸不可與同群, 吾非斯人之徒與而誰與? 天下有道,
부자무연왈 조수불가여동군 오비사인지도여이수여 천하유도
丘不與易也."
구불여역야

〈미자〉

장저와 걸닉 같은 은자들은 이 세상을 도도히 흘러가는 거대한 탁류 같은 것으로 보았다. 그 흐름을 바꾸기란 애당초 불가능하다. 따라서 공자처럼 나쁜 사람은 피하고 훌륭한 사람을 찾아 그것을 바꿔 보자는 허무맹랑한 일을 시도하느니, 자기들처럼 탁류 자체를 피해 버리는 편이 현명하다고 생각했다. 어차피 어지러운 세상을 바로잡을 수 있는 사람은 아무도 없을 테니 말이다. 그러나 공자의 생각은 달랐다. 세상이 어지러우면 어떻게 해서든 바로잡으려고 해야지, 아예 세상을 피해 사람과 살지 않고 짐승들과 어울린다는 것은, 해 보지도 않고 지레 겁먹고 물러서는 지나친 패배주의 아닌가? 알 만한 사람들이 세상이 더럽고 어지럽다며 피해 버리면 그 어지러운 세상

나루터를 묻고 있는 자로

공자는 채 나라로 가던 도중 강을 만나, 근처에서 밭을 갈던 장저와 걸닉에게 나루터의 위치를 묻고자 자로를 보낸다. 〈공자성적도〉 중에서.

속에서 고통받고 있는 백성들은 어쩌란 말인가? 공자는 은자들과는 달리 도도히 흐르는 거대한 탁류의 한복판에 과감히 뛰어들어 그 흐름을 바꿔 보고자 애썼다. 이러한 삶의 태도 즉 처세의 방법을 입세주의(入世主義) 또는 참여주의라고 일컫는다.

자로가 공자를 따라가는 도중 뒤처졌다가 한 노인을 만났는데 그는 지팡이를 짚고 삼태기를 메고 있었다.

자로가 물었다. "노인장께서는 우리 선생님을 보셨습니까?"

노인이 말했다. "사지를 부지런히 놀리지도 않고 오곡도 분별하지 못하는데 누가 선생이란 말이오?" 노인은 지팡이를 세워 두고 김매기를 했다.

자로는 공손하게 두 손을 마주 잡은 채 서 있었다.

노인은 자로를 말리며 하룻밤 묵어가게 하고는, 닭을 잡고 기장밥을 지어서 먹인 후 두 아들을 불러 인사를 시켰다.

이튿날 자로가 공자에게 가서 알렸다.

공자가 말했다. "은자로구나."

공자는 자로로 하여금 돌아가서 그를 다시 만나 보게 했다. 자로가 그곳에 도착했더니 그 노인은 이미 떠나 버리고 없었다.

자로가 노인의 두 아들에게 말했다. "벼슬살이를 하지 않는 것은 의로운 일이 아니오. 어른과 아이 사이의 예절을 없앨 수 없듯이 임금과 신하 사이의 의리를 어떻게 없앨 수 있겠소? 그것은 제 몸 하나 깨끗이 하려다가 중대한 인륜을 어지럽히는 일이오. 군자가 벼슬살이를 하는 것은 자기의 의리를 실천하는 것이오. 도가 행해지지 않고 있다는 것쯤은 이미 알고 있는 일이오."

子路從而後, 遇丈人以杖荷蓧.
자로종이후 우장인이장하조

子路問曰, "子見夫子乎?"
자로문왈 자견부자호

丈人曰, "四體不勤, 五穀不分. 孰爲夫子?" 植其杖而芸.
장인왈 사체불근 오곡불분 숙위부자 식기장이운

子路拱而立.
자로공이립

止子路宿, 殺雞爲黍而食之, 見其二子焉.
지자로숙 살계위서이식지 견기이자언

明日, 子路行以告.
명일 자로행이고

子曰, "隱者也."
자왈 은자야

使子路反見之. 至則行矣.
사자로반견지 지즉행의

子路曰, "不仕無義. 長幼之節, 不可廢也; 君臣之義, 如之何其廢之?
자로왈 불사무의 장유지절 불가폐야 군신지의 여지하기폐지

欲潔其身, 而亂大倫. 君子之仕也, 行其義也. 道之不行, 已知之矣."
욕결기신 이란대륜 군자지사야 행기의야 도지불행 이지지의

〈미자〉

▲ 위리의 벼슬을 얻은 공자

● 승전리의 벼슬을 얻은 공자

▼ 중도재의 벼슬을 얻은 공자

공자는 벼슬살이를 하고자 하는 것은 일신의 입신출세를 꾀하고자 함이 아니라, 어지러운 세상을 어떻게 해서든지 바로잡으려고 하는 군자의 사명이며 의무라고 일렀다. 세 그림 모두 〈공자성적도〉 중에서.

여기에 등장하는 노인 역시 은자에 속하는 사람이다. 그는 공자를, 부지런히 일하지도 않고 농사와 같은 실질적인 일도 알지 못하면서, 그저 입신출세를 위해 말재간이나 피우고 어떻게 해서든지 벼슬자리를 얻고자 하는 사람쯤으로 생각했다. 그는 그런 공자를 스승이라고 따라다니는 자로가 가여웠던지 아니면 그런 말을 듣고도 대들지 않고 공손히 서 있는 것이 대견했던지, 그를 집에 데리고 가서는 융숭하게 대접하고 자신의 두 아들을 인사시켰다. 세상을 피해서 사는 은자라고 해도 장유(長幼)의 예절마저 지키지 않을 수는 없었던 모양이다. 자로가 돌아가서 이 일을 공자에게 고하자 공자는 자로에게 다시 돌아가 그 은자를 만나 보라고 했는데, 그는 이미 떠나고 없었다. 이때 자로가 남긴 말은 자로 본인의 생각이라기보다는 공자의 뜻을 전한 것이라고 볼 수 있다.

벼슬살이를 하고자 하는 것은 일신의 입신출세를 꾀하고자 함이 아니라, 어지러운 세상을 어떻게 해서든지 바로잡으려고 하는 군자의 사명이며 의무다. 은자라 해도 장유의 예절을 지키지 않을 수 없었던 것은 그것이 사람이 마땅히 따라야 하는 도리이기 때문이다. 그렇다면 부자유친(父子有親), 군신유의(君臣有義), 부부유별(夫婦有別), 붕우유신(朋友有信) 같은 사람의 도리 역시 따라야 마땅하지 않겠는가? 한데 임금과 신하의 의리를 지켜 어지러운 세상을 바로잡을 생각은 하지 않고 도리어 세상이 더럽다 해서 피해 버리는 것은, 제한 몸 깨끗이 하겠다고 그 의리를 저버리는 일 아닌가? 세상에 도가 행해지지 않고 있을수록 자신의 사명과 의무를 다하기 위해 끊임없이 노력해야 함이 군자의 올바른 태도라는 것이 공자의 생각이었다.

자로가 석문에서 묵었다.

성문지기가 말했다. "어디에서 왔습니까?"

자로가 말했다. "공씨 문중에서 왔소."

성문지기가 말했다. "안 되는 줄 알면서도 행하는 사람 말입니까?"

子路宿於石門.
자로숙어석문

晨門曰, "奚自?"
신문왈 해자

子路曰, "自孔氏."
자로왈 자공씨

曰, "是知其不可而爲之者與?"
왈 시지기불가이위지자여

〈헌문〉

다시 말하지만 공자는 어지러운 세상을 어떻게 해서든지 바로잡으려고 하는 현실 참여를 군자의 사명이자 의무로 여겼다. 그렇기에 그것이 아무리 어렵다 해도, 심지어는 안 될 것임을 안다 해도 그 노력을 끝까지 저버리지 않았다. 또한 공자는 군자의 현실 참여는 벼슬살이를 통해서 이루어지는 것이 가장 효과적이라는 생각에서, 말로 다 할 수 없는 고생과 목숨의 위협을 무릅쓰고 자신을 등용해 줄 임금을 찾아 천하를 주유(周遊)했던 것이다.

공자가 말했다. "굳게 믿고 배우기를 좋아하며, 훌륭한 도리를 끝까지 지킨다. 위험한 나라에는 들어가지 않고, 어지러운 나라에는 머물지 않는다. 천하에 도가 있으면 나타나고 도가 없으면 숨는다. 나라에 도가 있는데도 빈천한 것은 수치스런 일이고, 나라에 도가 없는데도 부귀한 것 역시 수치스런 일이다."

子曰, "篤信好學, 守死善道. 危邦不入, 亂邦不居. 天下有道則見, 無道則隱. 邦有道, 貧且賤焉, 恥也; 邦無道, 富且貴焉, 恥也."
자왈 독신호학 수사선도 위방불입 난방불거 천하유도즉현 무도즉은 방유도 빈차천언 치야 방무도 부차귀언 치야

〈태백〉

공자가 안연에게 말했다. "등용하면 도를 행하고, 버리면 도를 감추나니 오직 나와 너만이 이렇게 할 수 있으리라!"

자로가 말했다. "선생님께서 삼군을 지휘하신다면 누구와 함께

하시겠습니까?"

공자가 말했다. "나는 맨손으로 호랑이를 때려잡고 걸어서 강을 건너다가 죽어도 후회하지 않는 사람과는 함께하지 않을 것이다. 반드시 일에 임해서는 두려운 듯이 신중하고 계획을 잘 마련해서 성취하는 사람이라야 한다."

子謂顔淵曰, "用之則行, 舍之則藏, 唯我與爾有是夫!"
자위안연왈 용지즉행 사지즉장 유아여이유시부

子路曰, "子行三軍, 則誰與?"
자로왈 자행삼군 즉수여

子曰, "暴虎馮河, 死而無悔者, 吾不與也. 必也臨事而懼, 好謀而成者也."
자왈 포호빙하 사이무회자 오불여야 필야임사이구 호모이성자야

〈술이〉

공자가 말했다. "나라에 도가 있을 때는 당당하게 말하고 당당하게 행동하며, 나라에 도가 없을 때는 당당하게 행동하되 말은 공손하게 해야 한다."

子曰, "邦有道, 危言危行; 邦無道, 危行言孫."
자왈 방유도 위언위행 방무도 위행언손

〈헌문〉

공자는 소신을 갖고 행동하고 널리 견문을 넓히며 사람이 마땅히 갖추어야 하는 훌륭한 도리, 즉 죽는 한이 있더라도 인을 지키는 것을 처세의 근본 입장으로 삼았다. 그렇다고 그것이 맨손으로 호랑이를 때려잡는 일이라거나 걸어서 강을 건너는 일처럼 무모하고 무리한 처신을 뜻하는 것은 아니다. 헛되이 몸을 잃는 것은 부모에게는 커다란 불효이고 인을 실현하는 데도 아무런 도움이 되지 못한다. 그래서 난리가 일어날 조짐이 있는 나라에는 함부로 들어가지 않고, 기강이 문란한 나라에도 무턱대고 머물지 않는 것이다. 아무쪼록 상황을 지혜롭게 살피고 신중하게 파악해서, 옳은 말이 먹혀 들 것 같으면 당당하게 행동하고 소신 있게 말해서 그 뜻을 관철한다. 그렇지 않을 때는 행동은 부끄럽지 않게 하되 말은 삼간다. 자칫 비리를 일삼는 자들에게 화를 당할 수 있기 때문이다.

자공이 말했다. "관중은 인한 사람이 아니었습니까? 환공이 공자 규를 죽이자 따라 죽지는 않고 더욱이 환공을 도와주었으니 말입니다."

공자가 말했다. "관중은 환공이 제후들의 패자가 되어 천하를 한 번 바로잡도록 도와주었으니 백성들은 지금에 이르기까지 그 은혜를 입고 있다. 관중이 아니었다면 우리는 머리를 풀어헤치고 옷섶을 왼쪽으로 여미는 오랑캐로 살 뻔했다. 어찌 평범한 사람들이 자잘한

신의를 지킨답시고 개천에서 목매 죽어도 알아주는 이가 아무도 없는 것과 같겠느냐?"

子貢曰, "管仲非仁者與? 桓公殺公子糾, 不能死, 又相之."
자공왈 관중비인자여 환공살공자규 불능사 우상지

子曰, "管仲相桓公, 霸諸侯, 一匡天下, 民到于今受其賜. 微管仲, 吾
자왈 관중상환공 패제후 일광천하 민도우금수기사 미관중 오
其被髮左衽矣. 豈若匹夫匹婦之爲諒也, 自經於溝瀆而莫之知也?"
기피발좌임의 기야필부필부지위량야 자경어구독이막지지야

〈헌문〉

일민으로는 백이, 숙제, 우중, 이일, 주장, 유하혜 그리고 소련 같은 이가 있었다.

공자가 말했다. "그 뜻을 굽히지 않고, 그 몸을 욕되게 하지 않은 이는 백이와 숙제로다!"

다시 말했다. "유하혜와 소련은 뜻을 굽히고 몸을 욕되게 했다고 하지만, 말에 조리가 있고 행실이 사려에 맞았을 따름이다."

또 말했다. "우중과 이일은 숨어 살면서 거리낌 없이 말을 했다고 하는데, 그 행실은 깨끗했고 세속을 떠난 것도 시의적절한 일이었다. 나는 그들과 달리 반드시 그렇게 해야 된다거나 그렇게 해서는 안 된다거나 하는 것이 없다."

逸民 伯夷 叔齊 虞仲 夷逸 朱張 柳下惠 少連.
일민 백이 숙제 우중 이일 주장 유하혜 소련

子曰, "不降其志, 不辱其身, 伯夷 叔齊與!"
자왈 불항기지 불욕기신 백이 숙제여

謂, "柳下惠 少連, 降志辱身矣. 言中倫, 行中慮, 其斯而已矣."
위 유하혜 소련 항지욕신의 언중륜 행중려 기사이이의

謂, "虞仲 夷逸, 隱居放言. 身中淸, 廢中權. 我則異於是, 無可無
위 우중 이일 은거방언 신중청 폐중권 아즉이어시 무가무

不可."
불가

〈미자〉

공자가 말했다. "군자는 천하의 모든 일에 대해 꼭 그래야만 한다는 것도 없고, 그래서는 안 된다고 하는 것도 없으며, 의에 비추어 행할 따름이다."

子曰, "君子之於天下也, 無適也, 無莫也, 義之與比."
자왈 군자지어천하야 무적야 무막야 의지여비

〈이인〉

공자 규는 제 나라 환공의 형이고, 관중과 소홀(召忽)은 규의 가신이었다. 규는 가신들과 더불어 노 나라에 망명해 있다가 노 나라의 지원을 받아서 환공과 임금 자리를 다투었으나 전쟁에 패해 죽임을 당했다. 이때 소홀은 규의 뒤를 따라 자살했지만, 관중은 살아남아 포로가 되어 제 나라로 끌려갔다. 그리고 친구인 포숙아(鮑叔牙)의 천

거를 통해 재상이 되었고 그 후 환공을 도와 패업(霸業)을 이루었다. 자공은 관중의 이러한 태도가 목숨을 부지하기 위해 신의를 저버린 것이니 그는 인하다고 할 수 없는 것 아니냐고 물었다. 그러나 공자의 생각은 달랐다.

관중이 만일 작은 신의에 연연하여 소홀처럼 공자 규를 따라 죽어버렸다면, 만백성이 오랑캐의 수중에 떨어져 고통받는 일을 막는 크나큰 공을 세울 수 없었을 것이므로, 작은 허물에 가려서 그 사람됨을 폄하해서는 안 된다는 것이다. 다시 말해 구체적인 상황을 무시하고 신의를 지킨 사람은 무조건 인하고, 신의를 지키지 않은 사람은 무조건 인하지 못하다고 할 수는 없다는 것이다. 이렇듯 상황을 고려하고 정상을 참착할 줄 아는 공자의 유연한 태도는 사람을 평가하는 데만 그치지 않고 처세 원리에도 적용된다. 그래서 공자는 세상을 살아감에, 반드시 그렇게 해야 된다거나 그렇게 해서는 안 된다고 일률적인 잣대만을 들이대는 일도 없고, 꼭 그래야만 한다거나 그래서는 안 된다고 고집을 피우는 일도 없다고 말했던 것이다. 물론 이 말은 줏대 없이 이리 붙고 저리 붙으며 살아가라는 것이 아니라, 구체적인 상황을 제대로 파악해서[지(知)] 그에 마땅하게[의(義)] 행동하라는 뜻이다.

공자가 말했다. "설령 주공과 같은 훌륭한 재능을 가지고 있더라도 교만하고 인색하다면 그 나머지는 볼 것도 없다."

子曰, "如有周公之才之美, 使驕且吝, 其餘不足觀也已."
자왈 여유주공지재지미 사교차린 기여부족관야이

〈태백〉

공자가 말했다. "스스로를 자책하기는 엄중하게 하고, 남을 책하기는 가볍게 한다면 원망을 사는 일이 멀어질 것이다."

子曰, "躬自厚而薄責於人, 則遠怨矣."
자왈 궁자후이박책어인 즉원원의

〈위령공〉

공자가 말했다. "사람이 신용이 없으면 쓸 만한 데가 있는지 모르겠구나. 큰 수레에 소의 멍에 걸이가 없고 작은 수레에 말의 멍에 걸이가 없다면 무엇으로 그것을 움직이겠느냐?"

子曰, "人而無信, 不知其可也. 大車無輗, 小車無軏, 其何以行之哉?"
자왈 인이무신 부지기가야 대거무예 소거무월 기하이행지재

〈위정〉

주공은 공자가 자나 깨나 잊지 못할 정도로 가장 존경하는 인물이었다. 그는 주 나라 문왕의 아들로서, 형님인 무왕을 도와 은 나라의 폭군인 주왕을 토벌했다. 그런데 무왕이 은 나라를 멸하고 2년 만에 병사함으로써 어린 아들이 대를 이어 성왕이 되었다. 이때 주공은 섭

정을 맡아 주 나라의 정치적 기반을 다지고 문물제도를 완비했다. 그는 직접 왕위에 오르라는 주위의 유혹을 뿌리치고 어린 조카인 성왕을 잘 보필하다가, 성왕이 이윽고 성인이 되자 섭정의 자리에서 미련 없이 물러났다. 공자가 그를 그토록 존경했던 까닭은 그가 이룬 찬란한 문화적 업적과 아울러, 어찌 보면 누워서 떡먹기보다 쉬운 왕위 찬탈을 거부했던 고상한 인품 때문이었다고 할 수 있다. 따라서 공자가 주공을 언급한 것은 강조의 순위를 최고로 높이기 위함임을 짐작할 수 있다.

어떤 사람이 주공에 필적하는 재능, 즉 아무리 뛰어난 재능을 지녔다 하더라도 교만하고 인색하면 나머지는 따질 것도 없다. 교만하면 사람이 따르기는커녕 따돌림을 당하기 십상이고, 인색하면 사람들이 그를 피하고, 무슨 일이 있어도 도와주려 하기는커녕 자칫 원망이나 원한을 사기 일쑤다. 사람을 사랑하는 것, 즉 '애인'이 공자가 강조하는 인의 핵심일진대, 사람을 사랑해서 따르게 하지는 않고, 교만하고 인색하게 행동함으로써 스스로 사람을 쫓아 버린다면 첫 단추를 잘못 끼우는 셈이다. 이에 나머지 단추도 잘못 끼워질 것임은 불을 보듯 뻔하다. 따라서 처세에서 피해야 할 악덕 가운데 첫 번째는 교만과 인색임을 알 수 있다.

또한 잘못이 있을 때 스스로 꾸짖기를 엄하게 하면 다시는 같은 잘못을 저지를 일이 없고, 남을 꾸짖을 때 지나치게 엄하게 굴지 않고 가볍게 지적하면 쓸데없는 원망이나 원한을 사는 일을 피할 수 있다. 전자는 교만을 피하는 일이고, 후자는 인색함을 멀리하는 길이기도 하다.

교만과 인색이 피해야 할 악덕 가운데 첫 번째라면 취해야 할 미덕 가운데 첫 번째는 신용, 즉 믿음이라고 공자는 말한다. 수레에 멍에 걸이가 없으면 수레를 끌고 갈 방도가 없듯이, 사람이 미덥지 못하면 그에게 무슨 일을 맡기고자 하는 사람이 전혀 없게 되므로, 마침내는 할 수 있는 일이 전부 사라지기 때문이다. 따라서 처세에서 말이 행동보다 앞서거나 따라가지 못해 믿음을 잃는 것을 몹시 경계해야 한다.

자공이 물었다. "종신토록 실행할 만한 말 한마디가 있을까요?"

공자가 말했다. "아마도 '서(恕)'라는 말일 것이다. 자기가 원하지 않는 일은 남에게 하지 말아라."

子貢問曰, "有一言而可以終身行之者乎?"
자공문왈 유일언이가이종신행지자호

子曰, "其恕乎! 己所不欲, 勿施於人."
자왈 기서호 기소불욕 물시어인

〈위령공〉

자공이 말했다. "만약 널리 백성들에게 은혜를 베풀고 많은 사람을 구제할 수 있다면 어떻습니까? 인하다고 할 수 있겠습니까?"

공자가 말했다. "어찌 인하다고 할 뿐이겠느냐? 반드시 성스럽다 하리라! 요 임금이나 순 임금도 그렇게 하는 것을 어렵게 여겼을 것이다. 무릇 인한 사람은 자기가 서고자 하면 남도 세워 주고, 자기가 두루 통하고 싶으면 남도 두루 통하게 해 준다. 가까운 자기 몸을 예로 삼아 남의 처지를 가늠해 볼 수 있다면, 그것이야말로 인을 실천하는 올바른 방법이라 할 수 있을 것이다."

子貢曰, "如有博施於民而能濟衆, 何如? 可謂仁乎?"
자공왈 여유박시어민이능제중 하여 가위인호

子曰, "何事於仁, 必也聖乎! 堯舜其猶病諸! 夫仁者, 己欲立而立人, 己欲達而達人. 能近取譬, 可謂仁之方也已."
자왈 하사어인 필야성호 요순기유병저 부인자 기욕립이립인 기욕달이달인 능근취비 가위인지방야이

〈옹야〉

마지막으로 결코 잊어서는 안 될 처세의 원리 가운데 하나는 바로 남을 배려하는 것이다. 처세, 즉 세상을 살아간다는 것 자체가 남과 더불어 살아간다는 것이므로 남을 배려하지 않으면 다툼이 끊이지 않는다. 그렇게 되면 각자가 도모하는 일에도 온갖 장애가 따르기 마련이다. 우리가 흔히 세상살이가 힘들다고 말하는 것은 서로를 배려

하는 마음이 실종되어 서로를 각박하게 대하고 있기 때문인지도 모른다. 그래서 공자는 자신의 몸을 예로 삼아 자기가 하기 싫은 것은 남에게 시키지 말고, 자기가 이루고자 하면 남도 이룰 수 있게 도와주는 배려의 정신을, 평생 동안 잊지 말고 늘 실천해야 하는 처세의 덕목으로 제시한 것이다.

6. 위정(爲政)

제 나라 경공이 공자에게 정치에 관해 물었다.

공자가 대답했다. "임금은 임금다워야 하고, 신하는 신하다워야 하고, 아버지는 아버지다워야 하며, 아들은 아들다워야 하는 것입니다."

경공이 말했다. "좋은 말씀이오, 진실로 임금이 임금답지 못하고, 신하가 신하답지 못하고, 아버지가 아버지답지 못하며 아들이 아들답지 못하다면 비록 곡식이 있을지라도 내가 그것을 먹을 수 있겠소?"

齊景公問政於孔子.
제경공문정어공자

孔子對曰, "君君, 臣臣, 父父, 子子."
공자대왈 군군 신신 부부 자자

公曰, "善哉! 信如君不君, 臣不臣, 父不父, 子不子, 雖有粟, 吾得
공왈 선재 신여군불군 신불신 부불부 자불자 수유속 오득

而食諸?”
이 식 저

〈안연〉

자로가 말했다. “위 나라 임금이 선생님을 맞이해서 정치를 하려 한다면, 선생님은 무엇부터 하시겠습니까?”

공자가 말했다. “반드시 이름부터 바로잡으리라!”

자로가 말했다. “이다지도 사정에 어두우시다니! 무엇 때문에 이름부터 바로잡는다는 말씀입니까?”

공자가 말했다. “자로야, 말하는 것이 거칠구나! 군자는 모르는 것에 대해서는 말을 하지 않고 가만히 있는 법이다. 이름이 올바르지 않으면 말에 조리가 없고, 말에 조리가 없으면 일이 이루어지지 않고, 일이 이루어지지 않으면 예악이 흥성하지 못하고, 예악이 흥성하지 못하면 형벌이 합당하지 않게 되고, 형벌이 합당하지 않으면 백성들이 손발을 둘 곳이 없어진다. 그러므로 군자가 이름을 붙이면 반드시 말할 수 있어야 하고, 말을 하면 반드시 실행할 수 있어야 한다. 군자는 그 말에 구차한 것이 없어야 한다.”

子路曰, “衛君待子而爲政, 子將奚先?”
자 로 왈 위 군 대 자 이 위 정 자 장 해 선

子曰, “必也正名乎!”
자 왈 필 야 정 명 호

子路曰, "有是哉, 子之迂也! 奚其正?"
자로왈 유시재 자지우야 해기정

子曰, "野哉由也! 君子於其所不知, 蓋闕如也. 名不正, 則言不順; 言不順, 則事不成; 事不成, 則禮樂不興; 禮樂不興, 則刑罰不中; 刑罰不中, 則民無所措手足. 故君子名之必可言也, 言之必可行也. 君子於其言, 無所苟而已矣."
자왈 야재유야 군자어기소부지 개궐여야 명부정 즉언불순 언불순 즉사불성 사불성 즉례악불흥 예악불흥 즉형벌부중 형벌부중 즉민무소조수족 고군자명지필가언야 언지필가행야 군자어기언 무소구이이의

〈자로〉

임금이 임금답고 신하가 신하답고 아버지가 아버지답고 아들이 아들다워야 한다는 것은 실제[실(實)]와 이름[명(名)]이 부합해야 한다는 뜻이다. 실제의 임금, 신하, 아버지, 그리고 아들이 각각의 이름에 걸맞게 그 노릇을 제대로 한다면, 공자는 세상은 절로 질서가 잡힐 것이라고 생각했다.

그런데 지금 세상이 어지러운 것은 실제와 이름이 부합하지 않기 때문이므로 그것을 서로 부합하게 만드는 것이 정치의 요점이라 할 수 있다. 이것을 일컬어 정명론(正名論)이라고 한다. 예를 들어 어떤 신하가 임금을 공경하지 않고 그 지위를 찬탈해서 백성을 괴롭힌다면 그는 더 이상 신하가 아니라 도적이라 할 수 있고, 어떤 아들이 아버지를 부양하지 않고 학대하면 그는 더 이상 아들이 아니라 짐승이라고 할 수밖에 없다.

이때는 공권력을 발휘해서 그것을 바로잡아야 하고 또 그렇게 하는 것이 바로 정치의 역할이다. 그렇지 않다면 경공이 걱정한 대로 세상이 어지러워져 마침내 백성과 위정자의 구분이 없어지고 말 것이다. 이에 설령 곡식이 풍족하다 해도 백성들이 세금을 낼 턱이 없기에 위정자는 굶주릴 수밖에 없다.

다음 인용문에 등장하는 위 나라 임금 출공은, 이미 한 번 언급한 바 있듯이 아버지에게 왕위를 빼앗기지 않으려고 아버지의 귀국을 막은 불효자식, 즉 자식답지 못한 자식이었다. 한데 그 출공은 공자에게 정치를 맡길 의향이 있었고, 그것을 알게 된 자로가 공자에게 우선 무슨 일부터 시작할 것인지를 물었다. 이에 공자가 이름부터 바로잡겠다고 하자 자로는 답답해하다 못해 발끈한다. 그런 생각이라면 출공이 벼슬자리를 내려 줄 리 만무하기 때문이다. 그러자 공자는 자로를 꾸짖으며 이름을 바로잡지 않으면 결국은 사회가 큰 혼란에 빠지게 되는 이유를 차근차근 가르쳐 준다. 실제와 이름이 부합하지 않으면 말에 조리가 없게 되고, 말에 조리가 없으면 이루어지는 일이 없다. 그렇게 되면 사회적 질서와 조화, 즉 예악이 붕괴됨으로써 형벌도 제대로 적용되지 않는다. 이에 백성들은 어떻게 해야 할지 갈피를 잡지 못해 마음 편히 살기 힘들다. 즉 이러한 사태를 막으려면 이름을 바로잡는 데서 시작해야 한다는 것이다. 이렇듯 군자는 정치를 할 때 실제에 부합하는 이름을 붙임으로써, 다시 말해 이름을 바로잡음으로써 그 말에 조리가 있게 해야 하고, 실행에 옮기는 데 아무런 지장이 없게 해야 한다. 따라서 그 말에 구차함이 있을 수 없다.

계강자가 공자에게 정치에 관해 물었다.

공자가 내답했다. "정치라는 것은 바로잡는 것입니다. 그대가 솔선해서 바르게 한다면 누가 감히 바르지 못한 일을 할 수 있겠습니까?"

季康子問政於孔子.
계 강 자 문 정 어 공 자

孔子對曰, "政者, 正也. 子帥以正, 孰敢不正?"
공 자 대 왈 정 자 정 야 자 수 이 정 숙 감 부 정

〈안연〉

공자가 말했다. "진실로 자기 몸을 바로잡을 수 있다면, 정치를 하는 데 무슨 어려움이 있겠느냐? 자기 몸을 바로잡을 수 없다면, 어떻게 남을 바로잡을 수 있겠느냐?"

子曰, "苟正其身矣, 於從政乎何有? 不能正其身, 如正人何?"
자 왈 구 정 기 신 의 어 종 정 호 하 유 불 능 정 기 신 여 정 인 하

〈자로〉

공자가 말했다. "위정자 자신이 올바르면 명령을 내리지 않아도 잘 이행되고, 위정자 자신이 올바르지 못하면 명령을 내려도 시행되지 않는다."

子曰, "其身正, 不令而行; 其不正, 雖令不從."
자왈 기신정 불령이행 기부정 수령부종

〈자로〉

정치란 그 이름을 바로잡는 것, 다시 말해 실제와 이름을 부합시켜 사회 전체가 그 이름에 걸맞은 역할을 수행하게 함으로써 조화롭게 운행되도록 하는 것이다. 따라서 위정자가 먼저 그 이름에 걸맞은 역할을 수행하면 백성 역시 감히 다른 생각을 하지 않고 그에 걸맞은 역할을 지키게 될 것이 분명하며, 그 결과 정치에 아무런 어려움이 없게 된다. 왜냐하면 누군가 특별히 명령을 내리지 않아도 모두 각자의 역할을 올바로 수행할 것이기 때문이다. 그러나 위정자가 그렇지 못하다면 백성들 역시 각자의 역할에 소홀할 것이기 때문에 명령을 내린다 해도 시행되지 않을 것이고, 결국 사회 전체가 혼란에 빠지고 말 것이다.

계강자가 공자에게 정치에 관해서 물었다. "만일 무도한 자들을 죽여서 도가 있는 사회를 이룬다면 어떻겠습니까?"

공자가 대답했다. "정치를 하는데 사람을 죽일 필요가 있겠습니까? 당신이 착한 사람이 되고자 하면 백성들도 착해집니다. 군자의 덕은 바람이고, 소인의 덕은 풀과 같은 것입니다. 풀 위에 바람이 불면 풀은 반드시 눕기 마련입니다."

季康子問政於孔子曰, "如殺無道, 以就有道, 何如?"
계강자문정어공자왈 여살무도 이취유도 하여

孔子對曰, "子爲政, 焉用殺? 子欲善, 而民善矣. 君子之德風, 小人
공자대왈 자위정 언용살 자욕선 이민선의 군자지덕풍 소인

之德草. 草上之風, 必偃."
지덕초 초상지풍 필언

〈안연〉

공자가 말했다. "덕으로 정치를 하는 것은 비유하자면 북극성이 제자리에 머물러 있고, 뭇별들이 그것을 에워싸고 도는 것과 같다."

子曰, "爲政以德, 譬如北辰, 居其所而衆星共之."
자왈 위정이덕 비여북신 거기소이중성공지

〈위정〉

공자가 말했다. "억지로 애쓰는 일이 없이 천하를 잘 다스린 이는 아마도 순 임금이 아니겠는가? 그가 무엇을 했는가? 다만 그 몸가짐을 공손하게 하고 남쪽을 향해 똑바로 앉아 있었을 따름이다."

子曰, "無爲而治者, 其舜也與? 夫何爲哉, 恭己正南面而已矣."
자왈 무위이치자 기순야여 부하위재 공기정남면이이의

〈위령공〉

위정자가 위정자답지 못하면 무고한 자를 죽인다 해도 사회의 질서가 온전히 잡힐 수 없다. 왜냐하면 무도한 자, 즉 자신에게 걸맞은 역할을 수행하지 않는 자는 끊임없이 나타날 수 있기 때문이다. 따라서 정치를 하는 데 무도한 자를 죽이는 일을 능사로 삼을 것이 아니라 위정자 스스로 위정자다운 덕을 갖추어야 한다. 그렇게 하면 백성들 역시 자신에게 부여된 역할을 저버리는 일이 없게 된다. 그 결과 사회의 질서가 절로 잡힐 것이므로 위정자가 굳이 무도한 자를 죽이거나 동분서주하는 등 특별한 정치 활동을 따로 할 필요가 없어지는 것이다.

자공이 정치에 관해 물었다.

공자가 말했다. "양식을 풍족하게 하고, 군비를 충실하게 하고, 백성들로 하여금 위정자를 믿게 하는 것이다."

자공이 말했다. "어쩔 수 없이 한 가지를 버려야만 한다면 이 세 가지 가운데 어느 것을 먼저 버려야 할까요?"

"군비를 버린다."

"어쩔 수 없이 또 한 가지를 버려야 한다면 이 두 가지 가운데 어느 것을 먼저 버려야 할까요?"

"양식을 버린다. 예로부터 사람은 모두 죽게 마련이었으니 백성들의 믿음이 없으면 나라가 설 수 없기 때문이다."

子貢問政.
자공문정

子曰, "足食. 足兵. 民信之矣."
자왈 족식 족병 민신지의

子貢曰, "必不得已而去, 於斯三者何先?"
자공왈 필부득이이거 어사삼자하선

曰, "去兵."
왈 거병

子貢曰, "必不得已而去, 於斯二者何先?"
자공왈 필부득이이거 어사이자하선

曰, "去食. 自古皆有死, 民無信不立."
왈 거식 자고개유사 민무신불립

〈안연〉

공자는 정치, 즉 나라를 다스리고 유지하는 데 필수적인 요소를 경제, 국방, 그리고 백성의 신뢰 세 가지라고 생각했다. 그리고 이 세 가지가 필수 요소임에도 불구하고 두 가지를 버려야 한다면 국방과 경제의 순으로 해야 한다고 말했다. 오늘날에도 국방과 경제 방면에서 자립하지 못했지만 나라꼴은 그런 대로 유지하고 있는 나라들이 적지 않으므로, 이는 충분히 이해할 만한 주장이다. 그렇다면 왜 공자는 위정자에 대한 백성의 신뢰를 마지막까지 아껴 둔 것일까? 백성들이 위정자를 신뢰하는 한에서는, 외적의 침입으로 주권이 일시적으로 위협받고 가뭄이 들어 굶주린다 해도 견딜 수 있지만, 백성들이 위정자를 신뢰하지 못하면 반란이나 혁명이 일어나 나라가 내부로부터 무너지기 때문이다. 그렇다면 그 중요한 백성들의 신뢰는 어디에서 나오는 것일까? 그것은 두말할 것도 없이 위정자가 위정자다운 덕을 갖추고 있을 때 생겨난다. 따라서 위정자는 그 덕을 잃지 않도록 늘 스스로를 경계해야 한다.

자장이 정치에 관해 물었다.

공자가 말했다. "관직에 있을 때는 게으름을 피우지 말고, 충심으로 정령(政令)을 집행해야 한다."

子張問政.
자 장 문 정

子曰, "居之無倦, 行之以忠."
자 왈 　 거 지 무 권 　 행 지 이 충

〈안연〉

자로가 정치에 관해 물었다.

공자가 말했다. "솔선수범하고 나서 백성들을 부려라."

자로가 더 말씀해 주실 것을 청했다.

공자가 말했다. "게으름을 피우지 말아라."

子路問政.
자로문정

子曰, "先之, 勞之."
자왈 선지 노지

請益.
청익

曰, "無倦."
왈 무권

〈자로〉

공자가 말했다. "천승의 나라를 다스리려면 일을 정성껏 처리하고 백성들에게 신용을 지키며, 비용을 절약하고 다른 사람을 사랑하며, 백성을 부림에 알맞은 시기를 골라서 해야 한다."

子曰, "道千乘之國, 敬事而信, 節用而愛人, 使民以時."
자왈 도천승지국 경사이신 절용이애인 사민이시

〈학이〉

자장이 공자에게 물었다. "어떻게 하면 정치를 제대로 할 수 있겠습니까?"

공자가 말했다. "다섯 가지 미덕을 존중하고 네 가지 악덕을 물리

치면 정치를 제대로 할 수 있다."

자장이 말했다. "무엇을 일러 다섯 가지 미덕이라고 합니까?"

공자가 말했다. "군자는 은혜를 베풀되 낭비하는 일이 없고, 백성들에게 일을 시키면서도 원망을 사지 않고, 원하는 일이 있어도 탐하는 법은 없고, 태연하면서도 교만을 떠는 일이 없고, 위엄이 있으면서도 사납지 않으니 이것이 바로 다섯 가지 미덕이다."

자장이 말했다. "은혜를 베풀되 낭비하지 않는다는 것은 무슨 뜻입니까?"

공자가 말했다. "백성들이 이롭다고 여기는 대로 그들을 이롭게 해 주면 이 또한 은혜를 베풀되 낭비하지 않는 것이 아닌가? 노동을 시킬 만한 때를 골라서 노동을 시킨다면 또 누가 원망하겠느냐? 인을 원해서 인을 얻는다면 또 어찌 탐낼 것이 있겠느냐? 군자는 많거나 적거나 크거나 작거나 상관없이 감히 업신여기는 일이 없으니 이 또한 태연하면서도 교만을 떠는 일이 없는 게 아니겠느냐? 군자는 그 외관을 바로 하고, 눈 움직임을 엄숙하게 해서 사람들이 쳐다보는 것만으로도 경외심을 느끼게 하나니 이 또한 위엄이 있으면서도 사납지 않은 게 아니겠느냐?"

자장이 말했다. "무엇을 일러 네 가지 악덕이라고 합니까?"

공자가 말했다. "미리 가르쳐 주지도 않고 죄를 범했다고 죽이는 것을 잔학한 짓이라고 하고, 미리 경고하지도 않고 일의 완성만을 보려고 하는 것을 난폭한 짓이라 하고, 명령은 소홀하게 해 놓고 기한을 독촉하는 것을 해를 끼치는 짓이라 하며, 어차피 사람들에게 나누어 줄 것이면서도 내주는 데 인색한 것을 쩨쩨한 관리 근성이라고 하는데, 이것이 바로 네 가지 악덕이다."

子張問於孔子曰, "何如斯可以從政矣?"
자장문어공자왈 하여사가이종정의

子曰, "尊五美, 屛四惡, 斯可以從政矣."
자왈 존오미 병사악 사가이종정의

子張曰, "何謂五美?"
자장왈 하위오미

子曰, "君子惠而不費, 勞而不怨, 欲而不貪, 泰而不驕, 威而不猛."
자왈 군자혜이불비 노이부원 욕이불탐 태이불교 위이불맹

子張曰, "何謂惠而不費?"
자장왈 하위혜이불비

子曰, "因民之所利而利之, 斯不亦惠而不費乎? 擇可勞而勞之, 又誰
자왈 인민지소리이리지 사불역혜이불비호 택가로이로지 우수
怨? 欲仁而得仁, 又焉貪? 君子無衆寡, 無小大, 無敢慢, 斯不亦泰而不
원 욕인이득인 우언탐 군자무중과 무소대 무감만 사불역태이불
驕乎? 君子正其衣冠, 尊其瞻視, 儼然人望而畏之, 斯不亦威而不猛乎?"
교호 군자정기의관 존기첨시 엄연인망이외지 사불역위이불맹호

子張曰, "何謂四惡?"
자장왈 하위사악

子曰, "不敎而殺謂之虐; 不戒視成謂之暴; 慢令致期謂之賊; 猶之與
자왈 불교이살위지학 불계시성위지포 만령치기위지적 유지여
人也, 出納之吝, 謂之有司."
인야 출납지린 위지유사

〈요왈〉

위의 네 가지 인용문에서 말하고 있는 것은 백성들의 신뢰를 얻기 위해 갖추어야 할 위정자의 덕목과 피해야 할 악덕이다. 전자에는 솔선수범, 게으름을 피우지 않는 것, 충심과 성실, 검소함, 배려 및 지혜로움이 포함된다. 후자로는 잔학함, 난폭함, 해악, 그리고 인색함을 들 수 있다. 그런데 마지막 인용문에서 볼 수 있듯이 위정자는 어떤 덕목을 갖추는 것에서 멈추지 않고 그것이 자칫 악덕으로 변질되는 것을 막아야 할 필요가 있다. 가령 은혜를 베풀되 백성들이 은혜를 입기 원하는 곳에 베풀어야 한다. 원하지 않는 곳에 베푼다면 그것은 더 이상 은혜라 할 수 없고, 은혜를 낭비하는 일, 즉 은혜가 도리어 원망으로 바뀌는 처사다. 예를 들어 대풍(大豊)이 들어 집집마다 쌀이 넘쳐나는데 백성들에게 은혜를 베푼답시고 쌀을 열 가마씩 나누어 준다면, 백성들은 고맙다고 생각하기는커녕 그것을 수령하고 관리하는 데 들어가는 수고로움 때문에, 도리어 그 어리석음을 원망하게 될 것이다.

이상 《논어》의 실천론을 끝으로, 이 책을 마무리하기 전에 다시 한 번 마음속에 새겨 두어야 할 것이 있다.

공자가 주창한 여러 가지 개념 중에 가장 중심이 되는 것은 두말할 것도 없이 '인'이다. 다시 말해 《논어》를 읽었다고 하면 다른 것은 다 잊는다 해도 인이 무엇인가만은 확실하게 기억해 두어야 한다. 공자는 인이 무엇보다 우선 진실한 것이며, 그것을 공손함, 경건함, 충직함과 용기를 비롯하여 인간이 갖추어야 마땅할 모든 덕목이 함께 어우러진 총체로 파악했다. 그리고 그 핵심은 사랑이라고 했다. 이 다양한 덕목들은 사랑의 마음이 그 대상에 따라 다르게 나타난 것에 지나지 않기 때문이다. 즉 사랑의 마음을 부모에게 돌리면 효(孝)가 되고, 연장자에게 돌리면 제(悌)가 되며, 자기가 맡은 일에 돌리면 충실함[충(忠)]이 되고, 말과 행동에 돌리면 미더움[신(信)]이 된다.

공자는 이러한 인이 결코 얻기 어려운 것이 아니며, 반성적인 생각을 기울이면 곧 마음속에서 찾아볼 수 있는 것이라고 생각했다. 그러나 비록 모두의 마음속에 본래 존재하는 인이라고 해도 자주 확인하고 채찍질하지 않는다면, 또는 어리석은 사리사욕을 품는다면 그것은 분명 감쪽같이 자취를 감추고 말 터이다. 그러므로 공자가 주창한 인은 자각 여부가 아닌 지속 여부가 관건이다. 결국 인을 지속적으로 유지하는 방법이 바로 《논어》에서 공자가 제시한 실천론, 또는 수양론의 본령이라고 할 수 있다.

한데 사실 이것은 다른 종교의 수행론과 비교해 보았을 때, 굳이 '~론'이라는 말을 붙이기도 어줍을 정도로 특별히 체계적인 방법론이 따로 있는 것은 아니다. 공자가 말한 최고의 도덕 원리인 인의 획득과 유지를 위한 실천 혹은 수양에는, 적어도 원리상 다른 종교나 사상이 각자의 최고 원리나 최고 가치의 획득을 위해 제시하는, 즉 가족과 사회마저 등지고 몰입해야 하는 뼈를 깎는 고행(苦行)이나 복

잡한 호흡법, 상식을 벗어난 배타적인 믿음, 또는 오랜 동안의 단식 기도 등 일반인들이 쉽게 따라 하기 힘든 부분이 전혀 없다. 다만 일상생활을 좀 더 사려 깊고 조심스럽게 해 나가는 것만으로 충분하다.

그럼에도 불구하고 우리 사회에서 오랜 기간 유교가 오해를 받아 온 것은, 그것을 국가 체계를 유지하기 위한 절대 이념으로 화석화시킨 통치자들의 탓이 크다. 유교가 동아시아 사회의 삶의 양식에 가장 오랫동안, 그리고 지금도 여전히 가장 강력한 영향력을 발휘하고 있는 까닭은, 그것이 한 나라 이래로 국교로 떠받들어지고 역대 통치자들의 지배 이데올로기로 존재했기 때문이 아니라, 그 특유의 용이함과 일상성, 그리고 보편성 때문이다. 그리고 이러한 점이 대중들을 어줍은 엄숙주의에 옭아매거나 억지를 부리지 않게 하면서도, 《논어》를 부담 없이 읽으며 자연스럽게 삶의 자양분으로 삼게 한다. 한마디로, 공자의 가르침을 좇아 군자가 되는 길은 즐거움에 가득 찬 여정이다. 그가 《논어》의 첫 장 〈학이〉에서 배우고 익히는 것의 즐거움을 노래했듯 말이다.

공자, 보통 사람으로 태어나 마침내 성인을 이룬 삶

1. 공자의 시대

주 나라 무왕은 기원전 11세기 전반 무렵에 폭군 주를 토벌함으로써 600년 넘게 이어 온 은 왕조를 멸망시키고 천하를 장악했다. 무왕이 은을 무너뜨리고 얼마 지나지 않아서 병사(病死)하자 어린 아들인 성왕이 그 뒤를 잇게 된다. 그러자 무왕의 친동생인 주공이 섭정을 맡아 주 왕조에 대항하는 대규모의 반란을 진압하고, 정치 및 사회제도를 비롯한 여러 가지 문물제도, 즉 주례(周禮)를 완비했다. 그리고 성왕이 어른이 되자 섭정의 자리에서 미련 없이 물러났다. 주 나라는 무왕에서 제5대 목왕(穆王)에 이르기까지 비교적 강한 국력을 바탕으로 경제와 문화 그리고 군사 방면에 걸쳐 커다란 발전을 이룩했다.

이때 주 나라가 당시의 중국을 다스린 방식을 봉건제라 한다. 그것은 주 나라 왕, 즉 천자가 왕실의 자제와 일족, 그리고 동맹 부족의 수장들을 제후로 분봉하면, 제후는 다시 그 분봉 받은 땅을 친척들에게 나누어 주고 그들을 대부라고 부르며 식읍(食邑)으로 삼게 하는 제도였다. 간단히 말해서 주 나라의 봉건제는 혈연을 바탕으로 이루어진 일종의 대가족 제도 같은 통치 방식이었다. 이러한 대가족 제도의 정점에 서 있는 천자는 하늘에 제사를 지내는 역할을 독점했고, 제후에 대한 임명권을 가짐과 동시에 제후국을 외침이나 내란에서 보호할 의무를 가졌다. 그리고 제후에게는 공납과 군사의 의무가 있었다.

한데 주 나라는 목왕 이후로 끊임없이 침범해 오는 서쪽과 북쪽의 오랑캐에게 시달리기 시작했다. 또 세월이 지날수록 초대 제후와 달리 그 후손들은 주 왕실과의 인척 관계가 멀어짐에 따라 상호간의 협력 의식이 옅어졌고, 갈수록 천자의 명령이 잘 통하지 않게 되었다. 각 제후국은 저마다 실리를 추구하며 틈만 나면 약소한 이웃 제후의 영토를 빼앗기 일쑤였기 때문에 서로 전쟁을 하는 일이 잦아졌다. 이렇게 내우외환(內憂外患)으로 정치적 결속력이 약화된 주 나라는 제12대 유왕(幽王)이 포사(褒姒)라는 미인을 얻고 나서 극도의 실정(失政)을 하는 바람에, 기원전 771년 일단의 제후들과 견융(犬戎)이라는 이민족으로 구성된 연합군의 공격을 받고 피살되면서, 잠시 그 맥이 끊기게 된다. 이때까지를 서주(西周) 시대라고 부른다.

제후들의 옹립을 받아 유왕의 뒤를 잇게 된 평왕은 기원전 770년에 도읍을 서쪽의 호경(鎬京, 지금의 중국 장안)에서 동쪽의 낙읍(洛邑, 지금의 중국 낙양)으로 옮겼다. 이때부터 주 나라가 기원전 256년 진(秦) 나라에 의해 멸망할 때까지를 동주(東周) 시대라고 부른다. 그리고 동주 시기의 전반기를 춘추 시대라고 하는데, 춘추라고 하는 이름은 공자가 자신이 살고 있던 노 나라의 역사 가운데 기원전 722년~기원전 481년까지의 시기를 편년체(編年體, 동양에서 가장 보편적이고 오래된 역사 편찬 체재로 역사 기록을 연월일순으로 정리하는 것)로 기록한 책《춘추(春秋)》에서 비롯된 것이다. 공자가 살았던 시대는 춘추 시대 가운데서도 말기에 해당한다.

춘추 시대 후기부터 중국에는 철기가 보급되어 각종 무기와 농기구가 만들어졌고, 소를 이용해서 농사를 짓는 우경(牛耕)이 시작되었다. 그리고 농사에 필요한 물을 대기 위해 수리 시설의 건설이 활발하게 이루어지면서 경지 면적이 넓어지고, 이에 따라 농업 생산력이 획기적으로 향상되었다. 이렇게 해서 잉여 생산물이 발생하게 되자 그 교환을 위해 각종 상업이 발전하게 되었고, 처음으로 금속 화폐가 주조되어 유통되기에 이르렀다. 이러한 과정을 통해, 당시 중국 사회를 구성하는 기본 단위인 읍(邑)에 기반을 둔 씨족 공동체적 질서가 붕괴되고 가족 단위의 경제생활이 보편화됨으로써, 계층 분화가 이루어지고 그 구성원들 사이의 빈부 격차가 심화되었다. 다시 말해 다수의 가족 단위들은 그대로 몰락하여 노예나 다름없는 처지에 빠진 반면, 대토지를 획득해서 사유화함으로써 커다란 부를 축적한 지주와 교역을 통해 큰돈을 번 상인들이 등장하기 시작했다. 결국 씨족 공동체적 질서에서 볼 수 있었던 화기애애하고 동고동락하던 삶의 태도는 어느덧 찾아보기 힘들어지고, 다만 가족 단위의 생존과 번영을 위해서라면 무슨 일이 되었건 마다하지 않는 이기적인 풍조가 만연하게 되었다. 그리고 그러한 풍조는 가족 단위에 그치지 않고 나라 차원으로 확대되어, 각 제후국은 오로지 부국강병(富國强兵)에만 관심을 기울이며 서로 명운을 건 무한 경쟁에 돌입하게 되었다. 때문에 이전에는 귀족에게만 열려 있던 벼슬의 길이 권력자가 필요로 하는 재능이나 비책만 있다면 신분의 고하와 국적을 막론하고 누구에게나 개방되었다.

춘추 시대에 들어서자 주 나라는 더 이상 천하의 제후국들을 호령하는 천자의 나라가 아닌 그저 낙읍을 중심으로 하는 작은 나라에 불과해졌다. 제후들은 처음에는 천자의 권위를 어느 정도 인정해 주었지만, 얼마 후 그 대단치도 않은 권위마저 땅에 떨어지는 사건이 발생했다. 가까이 있는 소국을 함부로 침범하려 한 낙읍 근처의 제후국 정 나라에 대해 천자가 경고를 했는데, 도리어 정 나라 제후가 반항하는 태도를 보인 것이다. 이에 분노한 천자는 채, 위, 진 등의 제후국 군대를 직접 거느리고 정 나라를 치러 갔으나, 뜻을 이루기는

커녕 정 나라 장군 축담이 쏜 화살에 맞아 부상을 당하고는 물러나지 않을 수 없었다. 이때가 기원전 707년이었다. 이 사건 이후 제후국들은 천자의 눈치를 보는 일이 거의 없어졌다. 예를 들어 2년 뒤에 정 나라는 제, 그리고 위 나라와 연합해서 주 나라의 두 성읍을 공격, 그것을 다 차지해 버렸고, 진(晉) 나라는 주 나라 대부의 식읍을 빼앗아 버렸다. 이처럼 제후국들이 서로 끊임없는 겸병(兼併) 전쟁을 벌인 탓에, 춘추 시대 초기에 170여 개에 이르렀던 제후국의 숫자는 말기에 이르면 겨우 13개 정도만 존재하게 된다.

한편 그 와중에 주변의 이민족들은 주 나라 제후국들이 조금이라도 쇠약한 징후를 보이면 즉시 침범해서 약탈을 일삼았고, 심지어는 제후국들을 멸망시켜 병합하기조차 했다. 이에 기원전 679년부터 제후국들은 서로 동맹을 맺어 그 가운데 가장 강력한 제후에게 '패자(霸者)'라는 칭호를 부여해 방어전의 지휘를 맡기고 공납을 바쳤다. 다시 말해 패자가 천자가 할 일을 대신하게 된 것이고, 그것은 곧 천자의 권력이 하늘에 제사를 지내는 역할만 제외하고는 고스란히 제후들에게 탈취되는 상태에 이르렀음을 뜻한다. 춘추 시대에는 이러한 패자가 다섯 명 있었기에 그들을 일컬어 '춘추오패'라고 한다.

또한 각 제후국 내부의 대부들 역시 약육강식의 싸움에 뛰어들어 세력을 늘려 나가, 마침내 제후의 실권을 찬탈하는 경우가 적지 않았다. 예를 들어 노 나라에서는 맹손, 숙손, 계손의 세 성씨인 삼환씨가 임금의 권력을 빼앗아 국정을 좌지우지했다. 그리고 대부의 가신들 역시 능력만 있으면 기회를 보아 대부의 권력을 빼앗았다. 다시 노 나라의 예를 들자면 삼환씨 가운데 계씨의 가신인 양호가 그 주인을 공격해서 협박함으로써 권력을 탈취한 일도 있었다.

한마디로 춘추 시대는 하극상(下剋上)의 풍조가 만연했던 까닭에 주례가 전반적으로 붕괴되고, 이에 천자는 천자대로 제후는 제후대로 그 권한을 잃고 있던 시기였다. 그리고 이러한 현상은 말기에 이를수록 더욱 심화되었다. 제후국 사이의 관계는 말할 것도 없고, 국내 사정 역시 안정된 질서와 윤리 같은 것은 찾아볼 수 없었으며, 다만 이기적인 목적을 위한 기만과 배신, 살벌한 세력 싸움만이 꼬리에 꼬리를 물고 이어질 따름이었다. 그리고 그로 인한 고통은 고스란히 백성들이 짊어져야 할 몫으로 남았다. 예를 들어 기원전 593년 송 나라가 침입을 받았을 때 도성이 오랫동안 포위되는 바람에, 굶주림을 참다못한 백성들이 서로 자식을 바꿔서 잡아먹는 비참한 일이 벌어졌다고 한다. 또 잠시 전쟁이 없는 때라고 해서 백성들의 생활이 더 나아지는 것도 아니었다. 제후들은 제후들대로 천자처럼 살려고 하고, 대부들과 가신들 역시 그 주군(主君)처럼 살려고 했던 까닭이다. 그들의 사치를 감당하려면 백성들의 비참한 궁핍은 피할 수 없었다.

2. 공자의 생애

공자는 기원전 551년에 주 나라의 제후국인 노 나라에서 태어났다. 공자의 이름은 구(丘)이고, 자는 중니(仲尼)다. 《사기》에 의하면, 그의 이름이 구, 즉 언덕인 까닭은 "태어났을 때 머리 중간이 움푹 패어 있었기 때문"이라고 한다. 중니의 중은 둘째를 뜻하는 말이며, 니는 어머니 안징재(顔徵在)가 공자를 낳기 위해 니구산(尼丘山)에서 기도한 일과 관련이 있다고도 한다. 아버지 숙량흘(叔梁紇)은 하급 무사로 힘이 세고 용감해서 전쟁에 나가 공을 세운 적이 두어 번 있다. 공자는 이런 아버지에게서 키가 9척 6촌에 이르는 아주 건강한 체격을 물려받았다. 공자의 선조는 본래 은 나라 유민들을 백성으로 삼아 제후국에 봉해진 송 나라 공실에 속했다. 공자의 6세조인 공보가(孔父嘉)는 송 나라의 장군격인 사마(司馬)였는데, 그 부인이 절세미인이었던 탓에 화를 당하고 말았다. 그 아들 자목금보(子木金父)는 자기 목숨까지 위태로워질까 봐 걱정이 되어 노 나라로 도망가서 살았다. 그리고 그때부터 자기 아버지의 자인 공보(孔父)의 '공'을 따서 성으로 삼았다.

공자가 태어났을 때 집안 형편은 넉넉하지 못했는데, 공자가 3살 되던 무렵 아버지가 사망하는 바람에 가세는 더욱 기울어졌다. 공자는 아이 때 제기(祭器)를 벌여 놓고 예(禮)를 갖추는 소꿉놀이를 좋아했다고 한다. 공자는 15세에 학문에 뜻을 두었다고 말한 적이 있지만 누구에게서 무엇을 배웠는지는 분명하지 않다. 다만 집안 형편이 어려웠기 때문에, 따로 스승을 모시고 정규적인 공부를 했다기보다 독학에 가까운 방법을 택했을 것이고, 어렸을 때의 행동으로 보아 우선 예를 습득하는 것을 학문의 주요한 목표로 삼았을 가능성이 높다고 짐작된다. 그 후 공자는 20세를 전후로 보잘 것 없는 벼슬을 살며 결혼을 하고 아들을 얻었다. 그리고 몇 년 지나지 않아 어머니 안징재가 사망했는데, 일설에 따르면 그 삼년상을 치르는 동안 공자는 세속적인 향락을 멀리 하고, 주례로 대표되는 고대의 갖가지 문물제도를 연구했다고 한다.

복상(服喪)이 끝난 뒤에 공자가 다시 벼슬살이를 했는지의 여부는 알 수 없는데, 아마도 계속 열심히 연구를 함으로써 예의 전문가로 상당한 인정을 받은 듯하다. 그렇기에 스스로 자립했다고 말한 30살 무렵부터는, 본격적으로 제자들을 받아들여 가르치는 일을 생업으로 삼을 수 있었던 것이다. 공자는 "가르치는 데 종류가 따로 없다[유교무류(有教無類)]."라고 하면서 신분을 전혀 따지지 않았고, '한 다발의 마른 고기 묶음'으로 상징되는 그다지 비싸지 않은 수업료를 낸 사람들까지 누구나 제자로 받아들였다. 그는 제자들에게 《시(詩)》, 《서(書)》, 《예(禮)》, 《악(樂)》, 《역(易)》, 《춘추》 등의 고대 문헌을 가르쳤다. 그전까지는 이러한 모든 학문 분야가 귀족들의 독점 아래에 있었기 때문에, 공자가 평민에게 그러한 학문을 가르친 것은 중국 역사상 처음인 일이자 획기적인 사건이었다. 공자는 제자들에게 덕행을 닦아 인을 이루게 하고, 그 인을 사회적인 차원에서 실천할 수 있는 능력을 배양시키는 데 역점을 두었다. 그래서 그가 제자들과 나눈 대화는 수신(修身)과 더불어 사회 및 정치 문제가 주제가 되는 일이 많았던 것이다.

한편 공자가 태어나 살았던 노 나라는 본래 주공에게 분봉된 나라로 주 나라 왕실과 가장 가까운 나라의 하나였다. 그리고 주 나라의 문물이 낙읍 다음으로 잘 보존되어 있는 문화의 중심지였다. 노 나라는 춘추 시대 초기까지만 하더라도 몇몇 강대국을 제외하면 손꼽을 정도의 국세를 유지하고 있었지만, 그 뒤로 실정을 거듭한 탓에 국세가 날로 기울어졌다. 그래서 노 나라는 강대국들에게 곧잘 침략을 당하곤 했는데, 그 가운데서도 가장 빈번하게 침략하여 끊임없이 노 나라의 영토를 빼앗은 나라는 동북쪽에 인접한 제 나라였다. 노 나라는 독자적으로는 제 나라에 대항할 수 없었기에 실지 회복 등을 위해서 다른 강대국에게 도움을 요청해야만 했고, 그때마다 장기판의 졸(卒)과 같은 가련한 신세를 감수하지 않을 수 없었다. 게다가 춘추 시대 말기에 이르러서는 세 대부인 삼환씨가 임금의 권력을 빼앗아 국정을 제멋대로 주무르는 바람에, 정세는 날이 갈수록 더욱 어지러워지고 나라는 한층 더 기울게 되었다. 그러다 마침내 공자가 35세 되던 해, 노 나라 임금이 삼환씨와 세를 다투다 쫓겨나 제 나라로 도망쳤다가 그곳에서 객사하는 사건이 벌어졌다. 그 결과, 이후의 임금들도 삼환씨의 꼭두각시 노릇을 벗어나지 못했다. 그리고 삼환씨 역시 비록 일시적이기는 하지만 가신에게 권력을 빼앗기거나 반란에 직면하는 일도 있었다. 귀족들이 처한 상황이 이러한데 일반 백성들이 편안하게 잘 산다는 것은 꿈도 꿀 수 없는 노릇이었다. 잦은 전화(戰禍)와 혹독한 세금 등으로 백성들의 삶은 그만큼 곤란해져 갔다. 그리고 노 나라가 처한 이러한 상황은 다른 제후국에서도 흔히 볼 수 있는 것이었다.

공자는 이러한 총체적인 난국이 해결되려면 주 나라의 봉건제가 예전처럼 기능해서 다시 천하일가(天下一家)의 상태로 돌아가지 않으면 안 된다고 보았다. 그리고 그것은 곧 주례의 회복을 뜻했다. 공자에게 주례는 그가 주창한 인이 제도적 차원에서 구현된 것을 의미했다. 따라서 그는 위정자들이 주례의 회복을 염두에 두고 정치를 펼쳐 나가면 천하는 다시 태평성대를 맞게 될 것이라고 생각했다. 이에 자신이 직접 정치의 일선에 뛰어들어 그러한 이상을 실현해 보고자 했다. 그리고 그렇게 하는 것이 스스로의 사명이라 여겼다. 그래서 공자는 끊임없이 벼슬자리에 오르기를 꾀했지만, 오십 줄에 이르기 전까지 제대로 된 기회를 얻지 못했다.

공자는 51세에 드디어 지방 장관격인 중도재(中都宰)가 된 이래,

몇 년간 승진을 거듭하여 재상의 일도 겸하는 대사구(大司寇)의 지위에까지 오르게 되었다. 공자는 과감히 여러 폐단을 제거해서 나라의 질서를 바로잡고, 협곡에서 있었던 제 나라와의 회맹을 통해 얼마의 실지를 되찾는 등 외교적으로 큰 공을 세우기도 했다. 그리고 기세를 몰아 삼환씨를 누르고 노 나라 공실의 지위를 회복시키고자 했으나 정작 임금이 정사를 멀리하고 삼환씨의 견제도 심해져서 실질적인 정치적 권한이 사라졌다. 공자는 마침내 노 나라를 떠나 몇몇 제자들과 함께 장장 14년에 걸친 천하주유(天下周遊)를 시작한다.

공자는 자신에게 정치를 맡김으로써, 그의 이상을 실현할 기회를 줄 제후를 찾아 네 차례의 수난으로 대표되는 갖은 고생과 역경을 무릅쓰고 끊임없이 유세를 했지만, 결국은 그 뜻을 이루지 못하고 68세의 나이로 노 나라에 돌아왔다. 그리고 더 이상 정치 일선에서 실질적인 역할을 할 수 없다는 사실을 알게 되자, 제자들을 가르치고 고대의 문헌을 정리하는 일에 전념했다.

그렇다고 해서 그가 세상일이 어떻게 돌아가든 아무런 관심을 표명하지 않은 것은 아니었다. 예를 들어서 제 나라에서 한 대부가 그 임금을 죽이고 권력을 찬탈하자 공자는 노 나라 임금에게 토벌을 요청한 적도 있었고, 계씨의 가신으로 있던 제자가 백성들에게 가혹한 세금을 징수하자 그를 당장 파문시켜 버리기도 했다. 그는 이렇게 만년에 이르러서도 현실에 참여해서 세상을 바로잡고자 하는 그의 사명을 결코 버린 적이 없었던 것이다.

그러나 이 무렵 공자에게는 일신상에 여러 가지 좋지 않은 일이 벌어졌다. 노 나라에 돌아온 그 이듬해에 하나뿐인 아들이 50세의 나이로 사망했고, 71세 되던 해에는 수제자인 안연이 사망했으며, 또 그 이듬해에는 위 나라에서 정변이 일어나 평생의 친구이자 수제자 가운데 하나며 천하를 주유하는 내내 함께 동행했던 자로마저 비명에 세상을 등지고 말았던 것이다. 만년에 겹친 불행으로 크나큰 슬픔을 겪은 나머지 쇠약해진 공자는 73세 되던 해 마침내 세상을 떠났다. 이에 모든 제자들이 모여서 3년 동안 공자의 묘를 지켰으며, 천하를 주유하는 동안 안연과 자로와 더불어 늘 공자를 곁에서 모셨던 자공은 홀로 3년 더 묘를 지켰다고 한다.

공자가 세상을 떠난 뒤 그 문하에 있던 수많은 제자들은 각자의 길을 찾아 나섰다. 일부는 관료가 되어 정치 개혁에 힘썼고, 일부는 공자와 마찬가지로 직업적인 선생이 되어 제자들을 받아 가르쳤다. 물론 벼슬살이도 하지 않고, 직업적인 교육의 길로 들어서지도 않았던 사람들이 숫자상으로는 가장 많았다고 할 수 있지만, 그들이 모두 은자를 자처하며 심산유곡(深山幽谷)으로 은둔해 버린 것은 아니었다. 그들은 각자의 고향으로 돌아가 생업에 힘쓰며 공자에게서 배운 바를 실천하고 그 가르침을 주위의 사람들에게 전함으로써, 원시 유가 사상이 계층을 불문하고 널리 확산되는 데 커다란 기여를 했던 것으로 보인다. 이러한 활동이 밑거름이 되어 잇따르는 전국(戰國)시대에 제자백가(諸子百家)가 흥기함으로써, 중국은 그 역사상 가장 다양한 사상들이 서로 경쟁하는 사상의 황금기를 맞게 되었다.

3. 공자의 핵심 사상

공자는 자신이 살던 춘추 시대에는 더 이상 올바른 사회 질서가 존재하지 않는다고 생각해서 그것을 '천하무도(天下無道)'라는 말로 표현했다. 그리고 천하가 이렇게 된 이유는 주례가 붕괴되었기 때문이라고 보았다. 여기서 '예'란 본래 원시적인 씨족 공동체 시대의 습속과 관례에서 발전해 온 한 나라의 통치 질서, 또는 근본 질서나 근본 원리, 그리고 그 사회를 지배하는 모든 행동 규범을 말한다. 공자는 주례가 이전의 왕조인 하 나라와 은 나라의 예를 기초로 그 장단점을 취사하여 성립된 것으로서, 그것이 가장 이상적인 사회 질서를 대변한다고 보았다. 다시 말해 그는 주례야말로 절대적이고 보편타당한 사회 질서라고 굳게 믿었다. 그런데 그 주례가 무너지게 된 근본적인 이유는, 당시 사회 구성원 모두, 즉 지배 계층인 세습적인 귀족과 피지배 계층인 일반 백성을 막론하고 도덕적, 정신적 가치를 도외시한 채 물질적인 이익 추구를 위해 무한 경쟁에 뛰어들면서 본래 각자의 신분에 규정되어 있는 역할, 즉 명분(名分)을 망각했다는 데 있었다. 물질적인 이익을 위해 제후가 천자에게 반항하고, 대부는 제후를 죽이고, 심지어는 아들이 아버지를 죽이는 일이 적지 않게 벌어짐으로써 사회 질서가 총체적으로 붕괴되는 데 이른 것이다.

공자는 이러한 난국이 수습되려면 우선 정치적인 차원에서 모든 구성원들이 주례가 그 신분에 따라 규정하고 있는 역할, 즉 명분을 바로잡아야 한다고 생각했다. 그것은 곧 임금은 임금답고 신하는 신하답고 아버지는 아버지답고 아들은 아들다워야 한다는 뜻으로, 현실과 이름 사이의 불일치를 해소해서 그것들을 다시 잘 부합시키는 것이다. 공자의 이러한 정치적 해결책을 일컬어 정명론이라고 한다.

다시 말해 정명론은 사회의 모든 구성원이 본래 각자의 신분에 따라 규정되어 있는 특정한 예, 즉 행동 규범을 잘 준수하는 것이다. 이에 덧붙여 통치를 담당하는 지배 계층은 피지배 계층인 백성들이 그 통치를 안심하고 믿고 맡길 수 있도록 도덕적으로 훌륭하지 않으면 안 된다. 통치자가 먼저 도덕적이지 못하면 백성들이 명령을 잘 따르지 않게 되고, 그에 맞서 무력을 사용하면 백성들이 다른 나라로 도망가거나 심지어는 반란을 일으킬 수도 있기 때문이다. 따라서 애당초 통치자는 도덕적인 자각과 실천을 통해 백성들을 다스려야 그 지배가 정당해짐은 물론, 백성들의 저항을 불러일으키는 일이 없게 된다. 이것이 바로 덕치(德治)의 이념이다.

도덕적인 자각과 실천은 물론 통치자에게만 요구되는 것은 아니다. 백성들 역시 각자의 신분과 사회적 관계에 걸맞은 역할을 제대로 수행하기 위해 그것이 필요하다. 물질적인 이익에 눈이 멀어 아들이 아버지를 죽이거나 친구 사이에 신의를 저버리는 일은 다만 지배계급 내에서만 벌어지는 일이 아니기 때문이다. 이러한 의미에서 도덕적인 자각과 실천은 정명론을 전사회적인 차원에서 실현하기 위한 원동력이라고 할 수 있다.

공자는 도적적인 자각과 실천을 '인'이라는 한마디 말로 요약했다. 그에 따르면 인은 사람됨의 모든 덕목을 총체적으로 아우르는 개념으로 그 핵심은 '다른 사람을 사랑하는 것[애인(愛人)]'이다. 공자는 인은 사람의 마음속에 본래 갖추어져 있는 것으로, 반성적인 생각을 기울이기만 하면 그리 어렵지 않게 찾을 수 있는 것이라고 생각했다. 그러나 늘 그것을 유지함으로써 모든 행동의 기반이 되게 하는 일은 어렵다고 보았기에, 끊임없는 반성과 수양을 요구했다. 그는 이렇게 해서 마침내 인을 이루면, 이해의 충돌로 인해 원(怨)이 만연하게 된 당시 사회의 대립적인 인간관계가, 주례에 따르는 종래의 평화적인 그것으로 바뀔 수 있을 것이라고 보았고, 바로 그것이 그가 애써 인을 주창한 목적이었다. 그리고 그 목적을 이루기 위한 구체적 방법론, 즉 인의 실천론으로 공자가 가장 강조했던 것은 자신의 명분과 직분에 충실한 것[충(忠)], 그리고 남을 위한 배려[서(恕)]였다.

공자는 이렇게 당시 사회의 구성원, 즉 인간이 도덕적인 자각과 실천을 통해, 다시 말해 인을 이루고 그것을 원동력 삼아 정명을 구현하여 주례를 회복하면, 세상에 질서가 잡힐 것[천하유도(天下有道)]이라고 생각했다. 여기에 하늘의 도움이나 신비적인 힘이 들어설 자리는 전혀 없다. 그래서 공자는 종래의 주재지천이 인간과 사회의 운명을 관장한다는 미신적 관념을 넘어서, '인도(人道)' 즉 인본주의 사상을 중국 역사상 처음으로 크게 선양한 대 사상가로 평가받고 있는 것이다.

4.《논어》에 관하여

《논어》는 공자의 어록을 담은 것이기는 하지만, 그가 직접 쓴 책도 아니고 한 번에 한 권의 책으로 엮여진 것도 아니다. 때문에 어떤 일관된 의도 역시 체계적으로 제시되어 있지 않다. 그럼에도 불구하고《논어》는 공자의 핵심 사상인 '인'을 중심으로, 여러 가지 주요 개념들에 대한 그의 언급이 가장 본래의 형태에 가깝게 채록되어 있는 것으로 평가받고 있다. 공자의 사상을 알기 위해서는《논어》가 가장

1차적인 자료의 역할을 하고 있다는 뜻이다.

《논어》의 내용은 다음과 같이 구성되어 있다. 첫째, 공자가 스스로 한 말, 둘째, 공자가 제자와 나눈 대화, 셋째, 공자가 그 시대 사람들과 나눈 대화, 넷째, 제자들이 스스로 한 말, 다섯째, 제자들이 서로 나눈 대화가 바로 그것이다. 공자의 어록이 《맹자》와 《순자(荀子)》를 비롯한 다른 제자백가의 책들처럼 저자 또는 주요 인물의 성씨에 '자(子)'를 붙이는 형태가 아니라, 하필 《논어》라는 이름을 갖게 된 까닭에 대해서는, 후한 시대의 반고(班固)가 《한서예문지(漢書藝文志)》에서 이렇게 밝히고 있다. "당시에 제자들이 각각 기록한 바가 있었는데, 공자 서거 후 문인(門人)들이 서로의 기록을 모아 의론하여 편찬했으므로 이를 《논어》라고 부르게 되었다." 그런데 그 문인들 가운데 구체적으로 누가 그리고 정확히 언제 《논어》를 편찬했는가 하는 문제는 여러 가지 추측만이 난무할 뿐 정설은 아직 없다. 다만 공자의 이대(二代) 제자나 그 후의 문인들에 의해, 춘추 시대 말에서 전국 시대 초기에 최소 두 번 이상의 편집을 거쳐 《논어》가 성립되었다고 보는 것이 오늘날 학계의 일반적인 견해다.

《논어》에는 본래 세 종류가 있었다고 한다. 공자의 고향인 노 나라에 전해지던 《노논어(魯論語)》 20편, 제 나라에 전해지던 《제논어(齊論語)》 22편, 그리고 한 나라 때 공자의 옛집을 허물다 그 벽 속에서 발견된 《고논어(古論語)》가 그것이다. 《노논어》의 편제는 오늘날 우리가 쉽게 구할 수 있는 판본의 《논어》와 같은 20편으로 구성되어 있었고, 《제논어》에는 〈문왕(問王)〉과 〈지도(知道)〉라는 두 편이 더 붙어 있었을 뿐만 아니라 글의 장(章)과 구(句)도 더 많았다고 한다. 《고논어》는 고대 중국의 황제 때 만들어진, 머리는 굵고 끝이 가늘어 올챙이를 닮았다는 글자인 과두(蝌蚪)문자로 씌어져 있었던 까닭에 그 이름이 붙었고, 한 나라의 공안국(孔安國)이 풀이를 했다고 한다. 그 후 한 나라 성제(成帝) 때 장우(張禹)라는 이가 《노논어》를 바탕으로 삼고 《제논어》로 보정(補正)을 해서 《장후론(張侯論)》이라는 판본을 펴냈는데, 이것이 크게 유행을 함으로써 드디어 《제논어》는 차츰 보기 드물게 되고 말았다. 그리고 후한의 정현(鄭玄)은 앞서 말한 세 가지 판본과 《장후론》 등을 참고해서 하나의 판본을 완성하고는 주석을 달았다. 이때 정현 역시 《노논어》를 바탕으로 삼았다. 한데 지금까지 언급한 판본들 가운데 현재 전해지고 있는 것은 하나도 없다. 현재 전하고 있는 《논어》의 판본 가운데 가장 오래된 것은 위(魏) 나라의 하안(何晏) 등이 이전 학자들의 논어 해석을 집대성한 《논어집해(論語集解)》다. 오늘날 우리가 보는 《논어》는 이 《논어집해》를 따른 것이다.

《논어》에는 이 글의 서두에서 밝힌 다섯 가지 내용이 두서없이 섞여 있다. 게다가 옛날의 책은 죽간(竹簡)이라고 해서 대나무를 가늘게 쪼개서 그 위에 글을 쓰고 그것들을 하나하나 묶어서 만든 것이기 때문에 끈이 풀어질 경우 다시 묶는 과정에서 잘못 섞일 가능성이 있다. 이것을 일러 착간(錯簡)이라고 한다. 《논어》에는 이러한 착간도 있고, 어떤 말이 나오게 된 구체적인 정황을 따로 설명하는 글이 부가되어 있지 않기 때문에 금방 이해하기 힘든 부분도 많다. 그래서 옛날부터 많은 주석이 있어 왔고, 이 작업은 오늘날에도 그치지 않고 있는 것이다. 이러한 주석 가운데 가장 오래된 것이 《논어집해》로, 이를 고주(古注)라고 부르며, 12세기 송 나라 시대에 나온 주자의 《논어집주(論語集注)》를 신주(新注)라고 한다. 고주는 신주가 나오기 전까지는 《논어》를 읽는 데 가장 기본적인 주석서였다. 신주는 그 이후 중국, 한국, 일본 등의 유교 문화권에서 《논어》에 관한 일종의 교과서 역할을 했다. 성리학을 국교로 삼았던 조선 시대의 《논어》 해석은 신주의 범위를 거의 벗어나지 못했다. 다만 다산 정약용의 《논어고금주(論語古今註)》만이 고금의 주석을 두루 섭렵하여 자신만의 독특한 견해를 밝히고 있다는 점에서 주목할 만하다.

5. 오늘날 우리는 《논어》에서 무엇을 배울 수 있는가?

한국과 중국, 그리고 일본과 베트남을 아우르는 동아시아 문화권의 전통 사회에서 공자의 사상이 차지하는 비중은 가히 절대적이었다. 물론 불교와 도교처럼 강력한 영향력을 가진 사상도 있었고, 흔히 제자백가로 일컬어지는 다양한 사상도 존재했지만, 시대와 나라 그리고 사회 계층을 막론하고 공자의 사상, 즉 유교처럼 막대한 영향력을 미친 것은 없었다. 《논어》는 전통 사회의 정치와 경제를 필두로 삶의 모든 방식 속에 깊이 들어와 오늘날까지 이르고 있다. 그래서 앞서의 나라들을 함께 부를 때 여전히 유교 문화권이라는 말을 곧잘 쓰는 것이다.

이러한 유교 문화권이 19세기 말부터 하나하나 서국 제국주의 열강의 침략 아래 무릎을 꿇게 되면서, 많은 사상가들이 그동안 우리를 지배해 온 공자의 사상에 회의 또는 반감을 품기 시작했다. 그들은 우리가 서구에 추월당하게 된 원인을 공자의 사상에 돌렸고, 그 결과 그것은 낡고 비합리적이고 비생산적인 것이라는 오명을 뒤집어 쓴 채 서구의 과학과 사상, 그리고 가치관에 지배적인 자리를 내주고 역사의 뒤안길로 물러서야 했다. 물론 이러한 평가가 과연 온당한 것이었는가에 대해서는 의문의 여지가 적지 않고, 20세기 후반부터는 다시 이에 대한 비판적인 사고가 일고 있다.

하지만 설령 공자에 대한 비판적인 평가가 백번 옳다고 해도, 오늘 우리가 반드시 《논어》를 읽어야 하는 이유는 조금도 줄어들지 않는다. 공자의 사상을 제아무리 폄훼한다고 해도 지금 우리의 삶은 변함없이 그 영향 아래 있기 때문이다. 예를 들어 우리는 여전히 불효를 인륜의 가장 큰 범죄 행위로 여기고 있고, 정치인이 하나의 직업인에 그치고 마는 것이 아니라 도덕적인 면에서도 훌륭한 군자이기를 바라고 있다. 이것은 우리가 현대적인 시민 사회에 진입한 지 오래되었음에도 불구하고, 전통 사회에서 이어받은 사고방식이 여전히 커다란 위력을 발휘하고 있음을 보여 주는 좋은 사례다. 이렇듯 여전히 우리를 지배하고 있는 전통 사회의 사고방식이나 여러 가지 정서, 그리고 가치관을 비판적으로 검토하기 위해서는, 그것들의 원형이 제시되고 있는 《논어》를 읽고 이해하지 않을 수 없다. 다시 말해 《논어》를 읽어야 현재의 우리를 좀 더 잘 이해할 수 있게 된다는 뜻이다.

또한 우리는 《논어》를 읽음으로써 오늘날 우리가 처한 문제를 새롭게 인식하고 극복할 수 있는 실마리를 얻게 된다. 서구의 과학과 정치 체제는 현대인들에게 풍요와 자유를 선사했지만 동시에 환경 오염과 자원의 고갈, 첨단 기술의 위협, 그리고 가치관의 전도와 인간의 소외 같은 새로운 문제를 야기했다. 물론 《논어》 속에 이러한 문제들에 대한 해답이 단답식으로 명확하게 제시되어 있는 것은 아니다. 그러나 《논어》에 담겨 있는 공자의 지혜를 잘 운용한다면 우리는 그 해결책을 찾아낼 수도 있다. 앞에 제시한 문제 가운데 어떻게 보면 가장 중요한 것은 인간의 소외라고 할 수 있는데, 그것은 타자(他者)의 소외와 자신의 소외로 나눌 수 있다. 전자는 타자, 즉 남을 자신과 똑같은 인격체가 아니라 자신의 목적 추구를 위한 수단으로 간주하는 것이고, 후자는 넘치는 물질적인 풍요 속에 욕망의 노예가 되어 자신이 자신의 주인이 되지 못하는 상황을 말한다. 그런데 전자의 경우라면 인의 실천 방법 가운데 하나인 서(恕)의 원리, 즉 "자기가 원하지 않는 일은 남에게 하지 말라."는 배려의 정신으로 그 돌파구를 찾을 수 있으며, 후자는 자율적이고 주체적이며 이상적인 인격체인 군자의 의(義)에 입각한 행동 원리로 미연에 방지할 수 있다. 나머지 문제들도 《논어》를 꼼꼼히 읽으며 깊이 생각해 보는 가운데 나름의 좋은 아이디어를 얻을 수 있을 것이다. 그리고 바로 이때 《논어》의 참다운 묘미가 느껴질 것이다. 음식의 참맛은 그것을 직접 먹었을 때 제대로 알 수 있는 법이지 남의 설명만으로는 알기 어렵다. 따라서 이제 독자들이 이 책을 디딤돌 삼아 광활한 《논어》의 세계에 직접 도전해 보기를 바라마지 않는다.

그리고 마지막으로 짚어 두고 싶은 게 있다. 앞서 말했듯이 공자의 사상을 낡고 비합리적이며 비생산적이라고 보는 시각은, 한때 주권을 잃고 세계사에서 주도권을 상실했다는 자괴감에서 비롯된 아주 오래 전의 성마른 판단이었음이 차츰 밝혀지고 있다. 사실 공자의 사상이 시대가 오래되어서 낡은 것이라고 한다면, 서구의 사상을 대표하는 기독교나 그리스 사상 또한 그만큼 오래된 것이므로 유독 공자의 사상만 낡았다고 할 까닭이 없다. 그리고 이미 이 책을 통해서, 혹은 언젠가 직접 《논어》를 읽어 본 독자들이라면 잘 알 터이지만, 흔히 유교적 전통 사회의 폐해로 지목되는 부정부패, 족벌주의, 그리고 관료주의 같은 것을 공자가 묵인하거나 옹호했던 적은 결코 없다. 도리어 공자는 그가 살고 있던 시대에 이미 이러한 것을 척결하려고 누구보다 애썼던 사람이며, 메마른 이성만을 능사로 삼는 합리성이 아니라 인간에 대한 연민과 정이 듬뿍 실린 합리성을 주창한 사람이었다는 점을 절대로 잊지 말았으면 한다.

공자 연보

기원전 551년 (1세)	노 나라 창평향(昌平鄉) 추읍에서 태어나다.
기원전 549년 (3세)	아버지 숙량흘 사망하다.
기원전 537년 (15세)	학문에 뜻을 두었다고 자술하다.
기원전 533년 (19세)	송 나라 출신의 기관씨(丌官氏)와 결혼하고, 위리(委吏)라는 벼슬을 얻다.
기원전 532년 (20세)	아들 공리(孔鯉) 태어나다.
기원전 531년 (21세)	벼슬이 승전리(乘田吏)로 바뀌다.
기원전 528년 (24세)	어머니 안징재 사망하다.
기원전 522년 (30세)	자립했다고 자술하다.

기원전 518년(34세)	주 나라에 가서 노자를 만나 예를 묻고, 장홍에게 음악을 배우다.
기원전 517년(35세)	노 나라에 난리가 일어나자 제 나라로 가다.
기원전 516년(36세)	제 나라에서 순 임금의 음악 소(韶)를 들은 후 3개월 동안 고기 맛을 잊었다고 말하다.
기원전 515년(37세)	제 나라에서 노 나라로 돌아와서는 더 이상 벼슬을 좇지 않고 제자들을 받아들여 교육에 전념하다.
기원전 512년(40세)	불혹에 이르렀다고 자술하다.
기원전 505년(47세)	계평자(季平子)가 죽고 가신인 양호가 노 나라의 권력을 탈취하다.
기원전 502년(50세)	천명을 알게 되었다고 자술하다. 반란을 일으킨 공산불뉴(公山不狃)에게 초빙 제의를 받았으나 자로의 반대로 가지 않다.
기원전 501년(51세)	중도재의 벼슬에 오르다. 양호가 토벌당해 도망가다.
기원전 500년(52세)	노 나라와 제 나라의 협곡의 회맹에서 외교적으로 큰 공을 세우다.
기원전 499년(53세)	벼슬이 사공(司空)으로 바뀌다.

기원전 498년 (54세) | 벼슬이 사구(司寇)로 바뀌다. 삼환씨의 도성을 무너뜨리는 일에 관여하다.

기원전 497년 (55세) | 대사구가 되어 재상의 일을 겸직했다가 벼슬을 버리고 천하주유를 시작하다.

기원전 492년 (60세) | 이순(耳順)에 이르렀다고 자술하다. 송 나라의 사마환퇴에 의해 죽임을 당할 뻔하다.

기원전 484년 (68세) | 염유의 노력으로 계강자의 초청을 받아 마침내 노 나라로 돌아오다.

기원전 483년 (69세) | 아들 공리가 50세의 나이로 사망하다.

기원전 482년 (70세) | 마음이 하고자 하는 대로 따라도 법도에 어긋나는 일이 없게 되었다고 자술하다.

기원전 480년 (71세) | 안연 사망하다. 노 나라의 서쪽에서 기린이 잡히자 《춘추》 집필을 그만두다.

기원전 482년 (72세) | 위 나라에서 정변이 발생하다. 자로 사망하다.

기원전 479년 (73세) | 사망하다. 제자들이 모두 모여 묘를 지켰고, 자공 홀로 3년 더 묘를 지키다.

참고 문헌

| 국내편 |

- 《공자의 생애와 사상》(김학주 지음, 명문당, 2003)
- 《공자의 철학》(채인후 지음, 천병돈 옮김, 예문서원, 2000)
- 《공자의 학설》(진대제 지음, 안종수 옮김, 이론과 실천, 1996)
- 《孔子 – 인간과 신화》(H. G. 크릴 지음, 이성규 옮김, 지식산업사, 1997)
- 《끝없는 물음, 인간》(이효범 지음, 소나무, 2001)
- 《논술대비 중국역사·문학만화 59 중국역사 이야기 1》(진현종 풀어씀, 한국혜밍웨이, 2005)
- 《論語》(안병주 옮김, 휘문출판사, 1985)
- 《論語講說》(이기동 풀어씀, 성균관대학교출판부, 1999)
- 《논어금독》(리쩌허우 지음, 임옥균 옮김, 북로드, 2006)
- 《논어의 문법적 이해》(류종목 지음, 문학과지성사, 2000)

- 《논어의 종합적 고찰》(김영호 외 지음, 심산, 2003)
- 《道》(장립문 지음, 권호 옮김, 동문선, 1995)
- 《分論語》(박기용 지음, 월인, 2003)
- 《새번역 논어》(이수태 지음, 생각의 나무, 2007)
- 《여기, 공자가 간다》(진현종 지음, 갑인공방, 2005)
- 《유가철학의 이해》(추 차이·윈버거 차이 지음, 김용섭 옮김, 소강, 1998)
- 《李愚才의 論語읽기》(이우재 지음, 세계인, 2000)
- 《중국사회사상사(증보판)》(송영배 지음, 사회평론, 1998)
- 《중국철학과 인성의 문제》(방립천 지음, 박경환 옮김, 예문서원, 1998)
- 《중국철학사 상(上)》(풍우란 지음, 박성규 옮김, 까치, 1999)
- 《中國哲學史: 古代篇》(노사광 지음, 정인재 옮김, 탐구당, 1997)
- 《中國哲學史》(가노 나오키 지음, 오이환 옮김, 을유문화사, 1998)
- 《중화의 지혜》(장대년·방립천 엮음, 중국민중사상연구회 옮김, 민족사, 1991)
- 《眞本 공자적 지혜》(서대강 지음, 조선, 1992)
- 《懸吐完譯 論語集註》(성백효 풀어씀, 전통문화연구회, 2005)

| 국외편 |

- 《孔子的智慧》(商聚德 著, 河北人民出版社, 1997)
- 《孔子周游列國志》(孟憲斌 著, 遼海出版社, 2001)
- 《論語類讀》(胡文正 編著, 山西古籍出版社, 2002)
- 《十三經注疏, 論語注疏》(李學勤 主編, 北京大學出版社, 1999)